НЕДЕЛЯ КАК НЕДЕЛЯ

JUST ANOTHER WEEK

by

Natalya Baranskaya

edited by

Lora Paperno, Natalie Roklina, and Richard Leed

Slavica Publishers

Slavica publishes a wide variety of scholarly books and textbooks on the languages, peoples, literatures, cultures, history, etc. of the USSR and Eastern Europe. For a complete catalog of books and journals from Slavica, with prices and ordering information, write to:

Slavica Publishers, Inc.
PO Box 14388
Columbus, Ohio 43214

ISBN: 0-89357-202-0.

Printed in the United States of America.

INTRODUCTION

The purpose of this edition is to provide accented, glossed, and annotated reading material for students who have had two or more years of Russian. The language of the original has not been simplified, although the text has been very slightly abridged.

The glossary contains all of the words in the text except for those which are commonly used and assumed to be known by the student (including numerals, pronouns, special adjectives, common prepositions, etc.).

Accent marks are placed over all syllables which bear stress, including monosyllabic words; thus, the distinction between words such as что 'that' vs. что́ 'what' is indicated by the accent mark. Two accent marks within a word represent secondary stress followed by primary stress, e.g. электробри́тва; thus, the distinction between accented and unaccented vowel quality is indicated by the accent mark, e.g. по́лкило́ is pronounced «полкило», not «палкило».

We would like to thank Arthur Benjamin, Steve Bunnell, Felix Dreizin, Kevin McKelvey, Ludmilla Volnova, and Laura Wolfson for their invaluable help in proofreading. We are also deeply grateful to Slava Paperno for his technical assistance and to the Consortium for Language Teaching and Learning for their financial support.

—The editors

Понедельник

Я бегу, бегу и на площадке третьего этажа налетаю на Якова Петровича. Он просит меня к себе, спрашивает, как идёт работа. Ни слова не говорит он о моём опоздании — я опоздала на пятнадцать минут. В прошлый понедельник было двенадцать, и он тоже беседовал со мной, только днём, интересовался, какие журналы, каталоги — американские, английские — я просмотрела. Тетрадка, в которой мы расписываемся в лаборатории по утрам, лежала тогда у него на столе, и он посматривал на неё, но ничего не сказал.

Сегодня он напоминает мне: в январе испытания нового стеклопластика должны быть закончены. Я отвечаю, что помню.

— В первом квартале мы сдаём заказ, — говорит он.

Я знаю, не могла ж я забыть?

Тёмные глазки Якова Петровича плавают в розовой мякоти лица, и он спрашивает:

— А вы не опоздаете с испытаниями, Ольга Николаевна?

Я вспыхиваю и растерянно молчу. Я, конечно, могу сказать: «Нет, что вы, конечно, нет». Лучше было бы сказать так. Но я молчу. Разве я могу ручаться?

Тихим ровным голосом Яков Петрович говорит:

— Учитывая ваш интерес к работе и… м-м-м… ваши способности, мы перевели вас на вакантное место младшего научного сотрудника, включили в группу, работающую над интересной проблемой. Не стану скрывать, нас несколько беспокоит… м-м-м… удивляет, что вы недостаточно аккуратно относитесь к работе…

Я молчу. Я люблю свою работу. Я дорожу тем, что самостоятельна. Я работаю охотно. Мне не кажется, что я работаю неаккуратно. Но я часто опаздываю, особенно в понедельник. Что я могу ответить? Я бормочу что-то про ледяные тропки и сугробы в нашем квартале, про автобус, который приходит на остановку переполненным, про страшную

1

толпу́ на «Со́коле»[1]... и вспомина́ю, что всё э́то я́ уже́ говори́ла ра́ньше.

— На́до постара́ться бы́ть собра́ннее, — заключа́ет Я́ков Петро́вич, — вы́ меня́ извини́те за нравоуче́ния, но вы́ ещё то́лько начина́ете сво́й трудово́й пу́ть... Мы́ впра́ве наде́яться, что вы́ бу́дете дорожи́ть дове́рием, кото́рое мы́ ока́зываем молодо́му специали́сту...

О́н растя́гивает гу́бы, получа́ется улы́бка. От э́той сде́ланной улы́бки мне́ стано́вится не по себе́.[2] Каки́м-то не свои́м, охри́пшим, го́лосом прошу́ я́ извини́ть меня́, обеща́ю ста́ть собра́ннее и выска́киваю в коридо́р. Я́ бегу́, но у двере́й в лаборато́рию вспомина́ю, что я́ не причёсана, повора́чиваю и бегу́ по дли́нным у́зким коридо́рам ста́рого зда́ния, бы́вшей гости́ницы, в туале́т. Я́ причёсываюсь, положи́в шпи́льки на умыва́льник под зе́ркалом, и ненави́жу себя́. Ненави́жу свои́ спу́танные вью́щиеся во́лосы, за́спанные глаза́, своё мальчи́шеское лицо́ с больши́м ртом и но́сом, ка́к у Бурати́но.[3] Почему́ я́ с таки́м во́т лицо́м не родила́сь мужчи́ной?

Ко́е-ка́к причеса́вшись, одёргиваю сви́тер и выша́гиваю обра́тно по коридо́рам — на́до успоко́иться. Но разгово́р с ше́фом кру́тится у меня́ в голове́, как магнитофо́нная ле́нта. Отде́льные фра́зы, интона́ции, слова́ — всё ка́жется мне́ трево́жно-значи́тельным. Почему́ о́н говори́л всё вре́мя «мы́ дове́рили», «на́с беспоко́ит»? Зна́чит, у него́ бы́л разгово́р обо мне́, но с ке́м же? Неуже́ли с дире́ктором? Ка́к о́н сказа́л — «беспоко́ит» и́ли «удивля́ет»? «Удивля́ет» — э́то ещё ху́же. А э́то напомина́ние о вака́нтном ме́сте... Его́ хоте́ла получи́ть Ли́дия Чистяко́ва. По ста́жу у неё бы́ло преиму́щество, а вы́брали меня́ — специа́льность бли́же. И, коне́чно, помо́г мо́й англи́йский — лаборото́рия и́м по́льзуется.

Взя́в меня́ в свою́ гру́ппу и поручи́в мне́, полго́да наза́д, испыта́ния но́вого материа́ла, Я́ков Петро́вич, коне́чно, рискова́л. Я́ э́то понима́ю. С Ли́дией о́н бы́л бы споко́йней за сро́ки... А вдру́г о́н хо́чет переда́ть ей мою́ рабо́ту? Э́то ужа́сно, ведь я́ сде́лала почти́ все́ о́пыты.

---

[1] a Moscow subway station

[2] 'This manufactured smile makes me feel ill at ease.' (The usual expression for 'forced smile' is де́ланная улы́бка.)

[3] the long-nosed hero of A. Tolstoy's tale «Золото́й клю́чик»; the Russian equivalent of Pinocchio

Но мо́жет, я́ всё преувели́чиваю? Мо́жет, э́то про́сто моя́ постоя́нная трево́га, ве́чная спе́шка, стра́х — не успе́ю, опозда́ю... Да не́т, он хоте́л поруга́ть меня́, его́ раздража́ют мои́ опозда́ния. Он пра́в. Наконе́ц, э́то его́ обя́занность. Мы́ же зна́ем своего́ за́ва — о́н работя́га, о́н аккурати́ст. Ну́, хва́тит, дово́льно об э́том!

Я́ переключа́ю мы́сли:[1] сейча́с я́ соста́влю отчёт результа́тов испыта́ний на теплосто́йкость и жаросто́йкость, кото́рые мы́ зако́нчили в пя́тницу. О́пыты в физико-хими́ческой лаборато́рии меня́ не беспоко́ят — они́ иду́т к концу́. А во́т физико-механи́ческие — э́то на́ше у́зкое ме́сто. В механи́ческой лаборато́рии не хвата́ет устано́вок, не хвата́ет ру́к. Ну́, ру́ки ла́дно[2] — у на́с е́сть две́ па́ры свои́х, мы́ мно́гое де́лаем са́ми. Но́ не́которые устано́вки... на ни́х це́лая о́чередь. Ту́т прихо́дится «пробива́ть».[3] Я́ пробива́ю стеклопла́стик, из друго́й гру́ппы кто́-то пробива́ет своё, и все́ мы́ бе́гаем на пе́рвый эта́ж, пры́гаем перед[4] ста́ршей лабора́нткой, кото́рая составля́ет гра́фик испыта́ний и следи́т за очерёдностью, называ́ем её то́ Ва́лечкой, то Валенти́ной Васи́льевной и стара́емся проле́зть в каку́ю-нибудь ще́ль.

Да́, на́до забежа́ть к Ва́ле. Спуска́юсь вни́з, толка́ю две́рь на пружи́не, навстре́чу мне́ вырыва́ется волна́ шу́ма, но я́ преодолева́ю её и прохожу́ за стекля́нную перегоро́дку. Это Ва́лина «конто́рка», всегда́ зде́сь наро́д, но сейча́с она́ одна́. Прошу́ её «просу́нуть» на́с на э́той неде́ле. Ва́ля кача́ет голово́й — не́т, но я́ продолжа́ю её упра́шивать.

— Мо́жет, во второ́й полови́не неде́ли, заходи́те.

Тепе́рь к себе́, в лаборато́рию полиме́ров. В на́шей «ти́хой» ко́мнате де́вять челове́к, а столо́в то́лько се́мь. Но ведь всегда́ кто́-то на о́пытах, в библиоте́ке, в командиро́вке. Сего́дня оди́н из столо́в мо́й.

Вхожу́. Меня́ встреча́ет ше́сть па́р гла́з. Я́ кива́ю и говорю́:

— Я́ заходи́ла в механи́ческую.

Голубы́е глаза́ Лю́си бе́ленькой встрево́жены — «у тебя́ что́-нибудь случи́лось?»; о́гненные глази́щи Лю́си чёрной

---

1 'I turn my thoughts to something else'

2 'Well, it's alright (about the shortage of hands...)'

3 'push for, fight for'

4 'coax, flatter, cajole' (*Lit.* 'jump, dance around')

3

сочу́вственно укоря́ют — «э́х ты́, опя́ть?»; взгля́д Ма́рьи
Матве́евны, пове́рх очко́в, предупрежда́ет — «то́лько,
пожа́луйста, без разгово́ров!»; полуприкры́тый подсинёнными
ве́ками взо́р А́ллы Серге́евны рассе́ян — «кто́ та́м? что́ та́м?»;
Шу́рины кру́глые глаза́, всегда́ немно́го испу́ганные,
расширя́ются ещё бо́льше; уко́л о́стрых зрачко́в Зинаи́ды
Густа́вовны мгнове́нно разоблача́ет — «зна́ем, кака́я
механи́ческая, — опозда́ла, име́ла разгово́р, во́н щёки горя́т, а
глаза́ расстро́енные».

Hаша гру́ппа — э́то о́бе Лю́си и я́.

Pуководи́тель — Я́ков Петро́вич. Но бо́льше с дела́ми гру́ппы
во́зится Лю́ся Маркоря́н. Когда́ я́ пришла́ рабо́тать сюда́, но́вый
стеклопла́стик бы́л ещё то́лько заду́ман. Одна́ то́лько Лю́ся
колдова́ла с аналити́ческими веса́ми, ко́лбами, термоста́том. Всё
счита́ли, что иде́я но́вого стеклопла́стика принадлежи́т
Маркоря́н, а пото́м оказа́лось — Я́кову. Я́ её спроси́ла ка́к-то:
«Лю́ся Варта́новна, почему́ говоря́т, что но́вый стеклопла́стик
приду́мали вы́?» Она́ посмотре́ла на меня́: «Ра́зве говоря́т? Ах,
во́т как... Ну́, пу́сть себе́ говоря́т»,[1] — и бо́льше ничего́. Пото́м
ка́к-то обеща́ла рассказа́ть э́ту «преглу́пую исто́рию». Пока́
молчи́т, я́ бо́льше не спра́шиваю.

Мне́ пору́чены испыта́ния — что́-то я́ де́лаю сама́, что́-то
вме́сте с сотру́дниками лаборато́рий, где́ веду́тся о́пыты.

Лю́ся бе́ленькая (она́ же Людми́ла Лычко́ва) помога́ет во
вся́ких дела́х.

Ещё у на́с Зинаи́да Густа́вовна. На не́й плани́рование и
«канцеля́рия»[2] по все́м гру́ппам, перегово́ры с на́шими
зака́зчиками.

Де́ла все́м хвата́ет.

Во́т я́ за столо́м, отодвига́ю я́щик, чтобы доста́ть дневни́к
испыта́ний, и ту́т замеча́ю на столе́ анке́ту. Наверху́ жи́рным
шри́фтом: «Анке́та для же́нщин» — и карандашо́м в углу́: «О. Н.
Воронко́вой». Интере́сно! Огля́дываюсь. Лю́ся бе́ленькая
пока́зывает мне́ таку́ю же. Анке́та больша́я. Чита́ю... Тре́тий
пу́нкт: «Соста́в ва́шей семьи́: му́ж... де́ти до 7 ле́т... де́ти от 7
до 17 ле́т... пр. ро́дственники, прожива́ющие с ва́ми...»; му́ж
оди́н, дете́й дво́е, ба́бушек-де́душек, увы́, не́т, про́чие

---

[1] 'well, let them talk'

[2] 'bookkeeping' (*Lit.*, 'office')

ро́дственники са́ми по себе́.[1] Да́льше тако́й вопро́с: «Что́ посеща́ют ва́ши де́ти — я́сли, детса́д, гру́ппу продлённого дня́ в шко́ле». Посеща́ют, коне́чно, я́сли, и са́д посеща́ют мои́ малыши́.

Составители анке́ты хотя́т зна́ть, в каки́х усло́виях я́ живу́: «Отде́льная кварти́ра... жилпло́щадь... кв. ме́тров... коли́чество ко́мнат, удо́бства...» Усло́вия у меня́ прекра́сные — но́вая кварти́ра, три́дцать четы́ре ме́тра, три́ ко́мнаты...

О́! Да они́ хотя́т зна́ть обо мне́ реши́тельно всё. И́х интересу́ет моя́ жи́знь по часа́м. За всю́ неде́лю. Ско́лько часо́в у меня́ ухо́дит на: «а) дома́шнюю рабо́ту, б) заня́тия с детьми́, в) культу́рный досу́г». Досу́г расшифро́ван:[2] «ра́дио и телепереда́чи, посеще́ние кино́, теа́тра и про́ч., чте́ние, спо́рт, тури́зм и про́ч.»

Эх, досу́г, досу́г... Сло́во како́е-то неуклю́жее «до-су́г»... «Же́нщины, бори́тесь за культу́рный досу́г!» Чу́шь кака́я-то... До-су́г. Я́ ли́чно увлека́юсь спо́ртом — бе́гом. Туда́ бего́м — сюда́ бего́м. В ка́ждую ру́ку по су́мке и ... вве́рх — вни́з: тролле́йбус — авто́бус, в метро́ — из метро́. Магази́нов у на́с не́т, живём бо́льше го́да, а они́ всё ещё недостро́ены.

Та́к комменти́рую я́ про себя́[3] анке́ту. Но во́т сле́дующий вопро́с, и вся́кая охо́та остроу́мничать у меня́ пропада́ет: «Освобожде́ние от рабо́ты по боле́зни: ва́шей, ва́ших дете́й». Пря́мо па́льцем в больно́е ме́сто![4] К у́треннему разгово́ру с ше́фом... Что́ у меня́ дво́е дете́й, нача́льству, коне́чно, изве́стно. Но ско́лько дне́й я́ проси́живаю из-за ни́х до́ма, никто́ не подсчи́тывал. Познако́мятся с э́той стати́стикой и вдру́г испуга́ются. Мо́жет, я́ сама́ испуга́юсь — я́ ведь то́же не подсчи́тывала. Зна́ю, что мно́го... А ско́лько?

Сейча́с дека́брь, в октябре́ бы́л гри́пп у обо́их — начала́ Гу́лька, пото́м заболе́л Ко́тька, ка́жется, две́ неде́ли. В ноябре́ просту́да — оста́тки гри́ппа да́ли себя́ зна́ть по плохо́й пого́де,[5] дней во́семь. В сентябре́ была́ ветря́нка — принёс её Ко́тька. С каранти́ном получи́лось чу́ть ли не три́ неде́ли... Во́т ведь уже́ не по́мню! И та́к всегда́ — оди́н уже́ здоро́в, а у друго́го в

---

[1] '[live] by themselves'

[2] 'spelled out' (*Lit.*,'decoded')

[3] 'silently to myself'

[4] 'They're hitting where it hurts.' (*Lit.*, [sticking a] finger into the sore spot.')

[5] 'dragged on with the bad weather' (*Lit.*, 'let themselves be known')

разга́ре.

А что ещё мо́жет бы́ть? — ду́маю я́ в стра́хе за ребя́т, за рабо́ту. Ко́рь, сви́нка, красну́ха... и, гла́вное, гри́пп и просту́да, просту́да. От пло́хо завя́занной ша́пки, от пла́ча на прогу́лке, от мо́крых штано́в, от холо́дного по́ла, от сквозняко́в... Врачи́ пи́шут в спра́вке[1] ОЗД — «о́строе заболева́ние дыха́тельных». Врачи́ торо́пятся. Я́ то́же тороплю́сь, и мы́ отво́дим ребя́т в де́тский са́д ещё с ка́шлем, а на́сморк у ни́х не прохо́дит до ле́та.

Кто́ приду́мал э́ту анке́ту? Заче́м она́? Отку́да взяла́сь? Я́ верчу́ её, но не нахожу́ никаки́х да́нных о состави́телях. Смотрю́ на Лю́сю чёрную и де́лаю ей зна́к глаза́ми — «вы́йдем». Но сра́зу же поднима́ется и Лю́ська бе́ленькая, и мы́ ока́зываемся за дверьми́ втроём. Э́то жа́ль. Мне́ та́к хоте́лось поговори́ть с Лю́сей Маркоря́н об у́тренней бесе́де, рабо́те, анке́те — обо всём вме́сте. Лю́ська — до́брая душа́, но говори́ть при не́й я́ не бу́ду, она́ болту́шка, вся́кая информа́ция её распира́ет.

Маркоря́н то́тчас заку́ривает и, вы́пустив на на́с клу́б ды́ма, спра́шивает с вы́зовом:

— Ну́ что́?

Э́то зна́чит: «Ка́к тебе́ анке́та?»[2] — я́ понима́ю. Но Лю́ся бе́ленькая возмуща́ется:

— Ка́к[3] — «что́»? Она́ же ничего́ не зна́ет, она́ опозда́ла...

— Ещё и опозда́ла! — говори́т Лю́ся чёрная с насме́шливым сочу́вствием и кладёт мне́ на плечо́ ру́ку, худу́ю, ка́к пти́чья ла́па. — Неуже́ли ты́ не мо́жешь не опа́здывать, Бурати́нка, а́?

— К на́м приходи́ли э́ти са́мые, ну́... демо́графы, — торо́пится Лю́ська вы́ложить но́вость, — и сказа́ли, что эксперимента́льно проведу́т анке́ту ещё в не́скольких же́нских институ́тах и на предприя́тиях...

— Институ́т у на́с, пра́вда, мужско́й, но с же́нскими лаборато́риями, — вставля́ет Лю́ся чёрная.

— Да ну́ тебя́![4] — отма́хивается Лю́ська. — А пото́м, е́сли о́пыт пройдёт уда́чно, таку́ю анке́ту проведу́т по все́й Москве́.

---

[1] 'doctor's excuse, note from the doctor' (certificate)

[2] 'What do you think of the questionnaire?'

[3] 'what do you mean?'

[4] 'Come on, now!'

6

— Что́ зна́чит «уда́чно», — спра́шиваю я́ Лю́сю чёрную, — и вообще́, чего́ они́ хотя́т?

— Чёрт и́х зна́ет, — отвеча́ет она́, вздёрнув о́стрый подборо́док, — анке́та — э́то тепе́рь мо́дно. В о́бщем, они́ наде́ются вы́яснить ва́жный вопро́с: почему́ же́нщины не хотя́т рожа́ть?

— Лю́ся! Они́ ж э́того не говори́ли! — возмуща́ется Лю́ся бе́ленькая.

— Говори́ли. То́лько называ́ли э́то «недоста́точные те́мпы приро́ста населе́ния». Мы́-то с тобо́й да́же не воспроизво́дим населе́ния. Ка́ждая па́ра должна́ роди́ть двои́х или, ка́жется, да́же трои́х, а у на́с то́лько по одному́. (Ту́т Лю́ся вспомина́ет, что бе́ленькая — «ма́ть-одино́чка».[1]) Тебе́ хорошо́ — с тебя́ не посме́ют спра́шивать. О́ле то́же хорошо́ — она́ пла́н вы́полнила. А я́? Мне́ во́т даду́т пла́н, и тогда́ — проща́й моя́ диссерта́ция!

Они́ говоря́т, я́ смотрю́ на ни́х и ду́маю: «Лю́ся Маркоря́н похо́жа на обгоре́лую головёшку, Людми́лка — на пуши́стого бе́лого бара́шка, а е́сли суди́ть «по-анке́тному», то́ пе́рвая — са́мая благополу́чная, а втора́я — са́мая обездо́ленная из четырёх «мама́шенек» на́шей лаборато́рии».

Мы́ всё зна́ем дру́г про дру́га. Му́ж Лю́си чёрной — до́ктор нау́к,[2] неда́вно постро́или большу́ю коопера́тивную кварти́ру, де́нег хвата́ет, у пятиле́тнего Марку́ши е́сть ня́ня. Ка́жется, куда́ лу́чше?[3] А на са́мом де́ле во́т что́: до́ктор пя́ть ле́т допека́ет Лю́сю те́м, что она́ эго́истка, гу́бит ребёнка, доверя́ет воспита́ние чужи́м стару́хам (отда́ть ма́льчика в де́тский са́д о́н не разреша́ет). Лю́ся ве́чно и́щет очередну́ю[4] пенсионе́рку «сиде́ть с ребёнком». До́ктор наста́ивает, чтобы Лю́ся оста́вила рабо́ту, о́н хо́чет второ́го ребёнка и вообще́ «норма́льную семью́».

У Лю́си бе́ленькой му́жа не́т. Во́вкин оте́ц, капита́н, слу́шатель како́й-то вое́нной акаде́мии, прие́хавший из друго́го го́рода, скры́л от Лю́ськи, что у него́ семья́. Узна́ла она́ об э́том поздно́вато. Когда́ Лю́ська сказа́ла капита́ну, что она́ на

---

[1] mother without a husband

[2] до́ктор нау́к is a distinquished academic degree, higher than our Ph.D.

[3] 'things couldn't be better'

[4] 'next' (in the sense that she is always on the lookout for one)

четвёртом ме́сяце, о́н исче́з, ка́к провали́лся.[1] Ма́ть Лю́ськи, прие́хавшая из дере́вни, снача́ла чу́ть не приби́ла до́чь, пото́м пошла́ жа́ловаться на капита́на «са́мому гла́вному нача́льнику», пото́м пла́кала вме́сте с Лю́ськой, руга́ла и кляла́ все́х мужчи́н, а пото́м оста́лась в Москве́ и тепе́рь ня́нчит вну́ка, ведёт хозя́йство. От до́чери она́ тре́бует то́лько — де́лать поку́пки, стира́ть большу́ю сти́рку и обяза́тельно ночева́ть до́ма.

Ме́ньше всего́ мы́ зна́ем про Шу́ру. Сыни́шка её у́чится в тре́тьем кла́ссе. По́сле шко́лы, до прихо́да ма́тери, о́н до́ма оди́н. От гру́ппы продлённого дня́ Серёжа отказа́лся наотре́з, хозя́йничает. Шу́ра за́ день звони́т домо́й не́сколько ра́з: «Ка́к пое́л? Не забы́л га́з погаси́ть?.. Две́рь смотри́ не оста́вь откры́той, когда́ пойдёшь гуля́ть!.. (А клю́ч у него́ на тесёмке приши́т к ку́рточке.) У́чишь ли уро́ки? Не зачи́тывайся». Серьёзный парни́шка! У Шу́ры му́ж пьёт. Она́ скрыва́ет, но мы́ догада́лись давно́. Мы́ её не спра́шиваем о му́же.

Должно́ быть, са́мая счастли́вая из на́с — я́.

Хо́хму Лю́си Маркоря́н насчёт «пла́на по де́тям» Лю́ся бе́ленькая, в кото́рой бушу́ет любопы́тство, принима́ет всерьёз.

— Ка́к... пла́н? — а́хает она́, и её то́нкие бро́вки взлета́ют под са́мые кудря́шки. — Не мо́жет бы́ть?! Ах, ты́ шу́тишь?! — В го́лосе её слы́шно разочарова́ние. — Ну́, коне́чно, шу́тишь... А я́ ду́маю, де́вочки, что анке́та — э́то не про́сто та́к.[2] Даду́т на́м, матеря́м, каки́е-нибудь льго́ты. А? Во́т рабо́чий де́нь сократя́т. Мо́жет, начну́т больни́чные за дете́й опла́чивать, не то́лько три́ дня́... Во́т уви́дите. Ра́з изуча́ют, что́-нибудь да́[3] сде́лают.

Лю́ся бе́ленькая волну́ется, трясёт завитка́ми воло́с, кру́глое лицо́ её разгора́ется.

— А́х ты́, «бе́лая ове́чка, да́й ше́рсти коле́чко», — говори́т Лю́ся чёрная слова́ми из де́тской пе́сенки, — стро́йтелей у на́с ма́ло, ру́к на всё не хвата́ет. А что́ бу́дет да́льше? Да́льше кто́ бу́дет стро́ить?

— Что́ стро́ить? — спра́шивает Лю́ська с горя́чим интере́сом.

— Всё: дома́, заво́ды, станки́, мосты́, доро́ги, раке́ты, коммуни́зм... В о́бщем, всё. А защища́ть э́то всё кто́ бу́дет? А зе́млю на́шу заселя́ть?!

---

[1] 'without a trace'

[2] 'there must be a reason for it'

[3] 'really, surely'

Я слушала и не слушала. Утренний разговор опять завертелся в голове... «Советую вам быть собраннее», — сказал Яков. Может быть, уже всё решено и мою работу передают Лидии? Опаздываю, распустилась... Плохо! А тут ещё дойдут до него мои «показатели»[1] по болезням...

Как жаль, что не удалось поговорить с Люсей Маркорян. Но она и сама видит, что со мной что-то не так.[2] Обняв меня за плечи и чуть притянув к себе, она говорит нараспев, покачиваясь вместе со мной:

— Не волнуйся ты, Оля, тебя не уволят...

— Ещё бы посмели[3] её уволить, — вскипает Люська беленькая внезапно, как молоко, — с двумя-то детьми? Да и сначала положено выговора[4] давать, а у тебя пока только одно замечание...[5]

Тоже за опоздания.

Мне становится стыдно — Люська такая добрая, отзывчивая, а я не захотела при ней говорить о своих делах.

— Понимаете, девочки, боюсь я, всё время боюсь не успеть со своими испытаниями. Через месяц срок...

— А! Не психуй, пожалуйста, — обрывает меня Люся Маркорян.

— Что значит «не психуй»? — кидается на неё Люська. — Видишь, человек переживает... Ты бы ей сказала: «Успокойся, не нервничай». Правда, Оля, ты зря переживаешь. Ей-богу! Вот увидишь — всё будет хорошо...

От этих простых слов у меня вдруг схватывает[6] горло. Надо бы ещё зареветь![7] Выручает Люся чёрная.

— Слушайте, красавицы, — энергично хлопнув нас по плечам, говорит она. — А что, если нам устроить тройной обмен? Люся берёт мою квартиру, я переезжаю к Ольге, Ольга к Люсе.

— Ну и что? — недоумеваем мы.

— Нет, ерунда... — Люся Маркорян чертит пальцем в воздухе.

---

[1] 'records' (*i.e.*, the days she has missed work)

[2] 'something's wrong'

[3] 'How would they dare'

[4] 'official reprimands.' Note the colloquial plural выговора́ for вы́говоры.

[5] 'you have only one warning so far'

[6] 'I feel a spasm in my throat'

[7] 'Just what I need now — to start crying!'

— Нет, надо вот как: Оля переезжает ко мне, я — к Люське, а Люся к Оле. Вот так получится то, что надо.

— Хочешь сменять свою трёхкомнатную квартиру на мою комнату в коммунальной? — усмехается Люся беленькая.

— Нет, не хочу, но... приходится. Проигрываю на метраже и удобствах, но зато выигрываю в другом, более важном. Ты, беленькая, на этом тоже не потеряешь — Олин Дима чудесный. Мой Сурен будет счастлив — Оля моложе и, кажется, толще меня... А мне нужна бабушка, вот как нужна![1] Ну как — пойдёт?[2] Выручайте бедного диссертанта!

— А, идите вы,[3] — кричит Люся беленькая, вспыхнув, — ни о чём серьёзном поговорить не можете! — И она резко поворачивается, чтобы уйти, но тут дверь распахивается, и Люська чуть не врезается в Марью Матвеевну.

— Товарищи, вы так шумите, — говорит Марья Матвеевна басом, — что мешаете работать. Что-нибудь случилось?

Я хватаю Люсю беленькую за руку, и вовремя — она уже набирает воздуху, чтобы одним духом выложить Эм-Эм (так между собой зовём мы Марью Матвеевну) весь наш разговор.

Мы все уважаем Марью Матвеевну. Нам нравится её душевная чистота. Но говорить с ней на серьёзные темы невозможно. Мы заранее знаем всё, что она скажет. Мы считаем её старой «идеалисткой»: нам кажется, что она несколько... абстрагировалась, что ли. Обычная жизнь ей просто незнакома — она парит над нею высоко, как птица. Биография её исключительна: производственная коммуна в начале тридцатых,[4] в сороковые — фронт, политотдел. Живёт она одна, дочери воспитывались в детдоме, давно уже у них свои дети. Занята Марья Матвеевна только работой — производственной, партийной. Ей уже семьдесят.

Мы чтим Эм-Эм за все её заслуги — как может быть иначе?

— Так что у вас тут? — спрашивает Марья Матвеевна строго.

— Да вот, Буратинку прорабатываем, — улыбается Люся чёрная, — Олю...

— В связи с чем это?

---

[1] 'I need one badly' (*Lit.* 'like this', said with the appropriate gesture, right hand to the throat)

[2] 'Well, what do you say? Is it a deal?'

[3] 'Oh, come on! Get lost!'

[4] 'the thirties'

— За опозда́нье... — торопли́во вставля́ет Лю́ська, и напра́сно.

Ма́рья Матве́евна укори́зненно кача́ет голово́й — «так я́ ва́м и пове́рила»...[1] Мне́ стано́вится нело́вко, Лю́сям, я́ ви́жу, то́же. Невозмо́жно держа́ть себя́ та́к с Эм-Эм.

Во́т, Ма́рья Матве́евна, — говорю́ я́ вполне́ и́скренне, хоть и не отвеча́ю на её вопро́с, — ка́к стра́нно получа́ется: у меня́ дво́е дете́й и я́ э́того... стесня́юсь, что ли...[2] Мне́ почему́-то нело́вко — два́дцать ше́сть ле́т и дво́е дете́й, вро́де э́то...

— Дореволюцио́нный пережи́ток... — подска́зывает Лю́ся чёрная.

— Что́ вы тако́е говори́те, Лю́ся! — возмуща́ется Ма́рья Матве́евна. — Не выду́мывайте, О́ля. Ва́м на́до горди́ться те́м, что вы́ хоро́шая ма́ть, да ещё и хоро́шая произво́дственница. Вы́ настоя́щая сове́тская же́нщина!

Эм-Эм говори́т, а я́ спра́шиваю — про себя́, коне́чно, — почему́ мне́ на́до горди́ться; така́я ли уж я́ хоро́шая ма́ть; сто́ит ли меня́ хвали́ть ка́к произво́дственницу и что́ же вхо́дит в поня́тие «настоя́щая сове́тская же́нщина»?! Бесполе́зно спра́шивать об э́том саму́ Ма́рью Матве́евну — она́ не отве́тит.

Мы́ успока́иваем Эм-Эм те́м, что у меня́ про́сто тако́е настрое́ние, оно́, коне́чно, пройдёт.

Все́ возвраща́ются в ко́мнату. Да́же про анке́ту то́лком не узна́ла — когда́ и кому́ на́до её сда́ть? Но ту́т же получа́ю запи́ску: «Анке́ты бу́дут собира́ть в сле́дующий понеде́льник от на́с ли́чно. Хотя́т зна́ть на́ше мне́ние. У ни́х мо́гут бы́ть вопро́сы. А у на́с? Лю́ся М.». Спаси́бо, и хва́тит про анке́ту.

Я́ нахожу́ в дневнике́ пя́тницу и выпи́сываю на листо́к после́дние о́пыты — для Лю́си Маркоря́н. Пото́м достаю́ большо́й, ка́к газе́та, ли́ст бума́ги, расчёрчиваю его́ по фо́рме. Э́то бу́дет сво́дный гра́фик все́х проведённых испыта́ний. О́н стро́ится по да́нным на́шего дневника́.

Пе́рвый соста́в стеклопла́стика прояви́л повы́шенную ло́мкость.

Пото́м на́чали втору́ю се́рию испыта́ний. Опя́ть всё снача́ла: вла́жность, теплосто́йкость, жаросто́йкость, огнесто́йкость... Никогда́ не представля́ла, что така́я тща́тельность, осторо́жность, тако́е внима́ние мо́гут бы́ть о́тданы...

---

[1] 'And you think I took you seriously!'

[2] что́ ли is a parenthetical phrase expressing doubt or uncertainty

канализацио́нным тру́бам и кры́шам.

По э́тому по́воду, давно́, бы́л разгово́р с Лю́сей чёрной. Я призна́лась, что мечта́ла попа́сть в другу́ю лаборато́рию. Лю́ся посмея́лась: «Молодёжь хи́трая, всё хотя́т рабо́тать на ко́смос, а кто́ ж земну́ю, на́шу жи́знь бу́дет устра́ивать?» А пото́м вдру́г спроси́ла: «А вы́ никогда́ не жи́ли в до́ме, где лю́дям на го́ловы лью́тся нечисто́ты из ста́рых ржа́вых тру́б и прова́ливаются потолки́?» Вы́яснилось, что ра́ньше мы́ о́бе жи́ли и́менно в таки́х дома́х. То́лько я́ не о́чень над э́тим заду́мывалась.

Че́м бо́льше я́ вози́лась с но́вым стеклопла́стиком, те́м бо́льше увлека́лась. На́до бы́ть о́чень внима́тельной, ошиби́ться нельзя́.

— О́ля, О́ля, — зовёт меня́ ти́хий го́лос, — без десяти́ два́, я́ ухожу́, говори́, что́ тебе́?

Сего́дня о́чередь Шу́ры де́лать заку́пки для «мама́шенек». Тако́е у на́с пра́вило — покупа́ть проду́кты сра́зу для все́х. И переры́в себе́ вы́просили с дву́х до трёх, когда́ в магази́нах ме́ньше наро́да. Зака́зываю ма́сло, молоко́, кило́ до́кторской[1] да ещё бу́лку — здесь пое́сть. Никуда́ не пойду́, бу́ду рабо́тать — сто́лько вре́мени сего́дня потеря́ла.

Лю́ся чёрная куда́-то скры́лась. Она́ появля́ется за де́сять мину́т до конца́ переры́ва. Она́ голодна́, ка́к зве́рь, и мы́ съеда́ем полови́ну мое́й колбасы́, разорва́в на́двое бу́лку, и запива́ем сво́й обе́д водо́й из-под кра́на в лаборато́рии.

Я́ опя́ть углубля́юсь в гра́фик. Втора́я полови́на дня́ прохо́дит та́к бы́стро и незаме́тно, что я́ не сра́зу понима́ю, почему́ в «ти́хой» ко́мнате вдру́г стано́вится та́к шу́мно. Ока́зывается, всё уже́ собира́ются домо́й.

Опя́ть авто́бус, и опя́ть перегру́женный, пото́м метро́, ме́сиво переса́дки на Белору́сской.[2] И опя́ть на́до спеши́ть, спеши́ть, опа́здывать нельзя́: мои́[3] возвраща́ются к семи́.

Я́ е́ду в метро́ с комфо́ртом — стою́ в углу́ во́зле закры́той две́ри. Стою́ и зева́ю. Зева́ю та́к, что па́рень ря́дом не выде́рживает:

— Де́вушка, интере́сно, что́ вы́ де́лали сего́дня но́чью?

— Дете́й баю́кала, — отвеча́ю я́, чтобы отста́л.

---

[1] до́кторская колбаса́ is a kind of bologna

[2] the name of the subway stop at the Belorussky train station

[3] 'mine' in the sense of 'members of my family'

Я зева́ю и вспомина́ю сего́дняшнее у́тро. У́тро понеде́льника. Без че́тверти шесть звони́т телефо́н, звони́т до́лго — междугоро́дный. Никто́ не подхо́дит. Я то́же не хочу́ встава́ть. Нет, э́то звоня́т у две́ри. Телегра́мма? Мо́жет, от тёти Ве́ры — вдруг приезжа́ет? Я лечу́ в пере́днюю. Телегра́мма лежи́т на полу́, уже́ распеча́танная, но в ней нет ни одного́ сло́ва, то́лько ды́рочки, как на перфока́рте. Я повора́чиваю обра́тно, чтобы верну́ться в посте́ль... То́лько тепе́рь до меня́ дохо́дит, что звони́т буди́льник, и я говорю́ ему́: «Застрели́сь ты». Он сра́зу же замолка́ет. Стано́вится ти́хо-ти́хо. Темно́. Темно́ и ти́хо. Ти́хая темнота́. Тёмная тихота́...[1]

Но я вска́киваю, бы́стро одева́юсь, все крючки́ на по́ясе попада́ют в свои́ пе́тли, и — о чу́до! — да́же ото́рванный приши́т. Я бегу́ на ку́хню — ста́вить ча́йник и во́ду для макаро́н. И опя́ть чу́до: конфо́рки пыла́ют, вода́ в кастрю́ле бурли́т, ча́йник уже́ шуми́т. Он посви́стывает, как пти́ца, — фью́ть-фу́, фью́ть-фу́, фью́ть-фу́... И вдруг я понима́ю: свисти́т не ча́йник, а мой нос. Но я не могу́ просну́ться. Тут меня́ начина́ет потря́хивать Ди́ма, я чу́вствую его́ ладо́нь на спине́, он пока́чивает меня́ и говори́т:

— О́лька, О́лька, да О́ля, просни́сь же наконе́ц, опя́ть бу́дешь бежа́ть как сумасше́дшая.

Тут я действи́тельно встаю́: одева́юсь ме́дленно, крючки́ на по́ясе попада́ют не в те пе́тли, а оди́н ото́рван.

Иду́ в ку́хню, зацепля́юсь за рези́новый ко́врик в пере́дней и чуть не па́даю. Нет га́за, спи́чка га́снет, обжига́я мне па́льцы. А! Я забы́ла поверну́ть кран. Наконе́ц я в ва́нной. Умы́вшись, я погружа́ю лицо́ в тёплое мохна́тое полоте́нце, вро́де бы засыпа́ю ещё на полсеку́нды и просыпа́юсь со слова́ми: «Да провали́сь оно́ всё!»

Но э́то чепуха́. Не́чему прова́ливаться — всё хорошо́, всё прекра́сно. Мы получи́ли кварти́ру в но́вом до́ме, Ко́тька и Гу́ленька чуде́сные ребя́та, мы с Ди́мой лю́бим друг дру́га, у меня́ интере́сная рабо́та. Прова́ливаться соверше́нно не́чему, не́зачем, не́куда. Чепуха́!

---

[1] a made-up word; the normal word for 'silence' is тишина́

Вторник

Сего́дня я́ встаю́ норма́льно — в де́сять мину́т седьмо́го я́ уже́ гото́ва, то́лько не причёсана. Я́ чи́щу карто́шку — загото́вка к у́жину, — поме́шиваю ка́шу, зава́риваю ко́фе, подогрева́ю молоко́, бужу́ Ди́му, иду́ поднима́ть ребя́т. Зажига́ю в де́тской свет, говорю́ гро́мко: «С до́брым у́тром, мои́ ла́пушки!»[1] — но они́ спя́т. Похло́пываю Ко́тьку, тормошу́ Гу́льку, пото́м ста́скиваю с обо́их одея́ла — «подъём!». Ко́тя стано́вится на коле́ни, зарыва́ется лицо́м в поду́шку. Гу́льку я́ беру́ на́ руки, она́ отбива́ется от меня́ нога́ми и орёт. Я́ зову́ Ди́му помога́ть, но о́н бре́ется. Оставля́ю Ко́тьку в поко́е, натя́гиваю на Гу́льку руба́шонку, колго́тки, пла́тьице, а она́ скользи́т с мои́х коле́н на́ пол. В ку́хне что́-то шипи́т — о́й, я́ забы́ла вы́ключить молоко́! Сажа́ю Гу́льку на́ пол, бегу́ в ку́хню.

— Э́х ты́! — говори́т мне́ свежевы́бритый краси́вый Ди́ма, выходя́ из ва́нной.

Мне́ не́когда, я́ молчу́. Бро́шенная Гу́лька заво́дится с но́вой си́лой. От её кри́ка наконе́ц просыпа́ется Ко́тя. Я́ даю́ Гу́льке её боти́нки, она́ успока́ивается и начина́ет, покря́хтывая и сопя́, крути́ть и́х во́зле то́лстых но́жек. Ко́тя одева́ется са́м, но та́к ме́дленно, что невозмо́жно жда́ть. Я́ помога́ю ему́ и ту́т же причёсываюсь. Ди́ма накрыва́ет к за́втраку. О́н не мо́жет найти́ колбасу́ в холоди́льнике и зовёт меня́. Пока́ я́ бе́гаю к Ди́ме, Гу́лька пря́чет мою́ гребёнку. Иска́ть не́когда. Я́ зака́лываю полурасчёсанные во́лосы, ко́е-ка́к умыва́ю дете́й, и мы́ сади́мся за сто́л. Ребя́та пью́т молоко́ с бу́лкой, Ди́ма е́ст, а я́ не могу́, выпива́ю то́лько ча́шку ко́фе.

Уже́ без десяти́ се́мь, а Ди́ма всё ещё е́ст. Пора́ одева́ть дете́й, бы́стро, обо́их сра́зу, чтоб не вспоте́ли.

— Да́й же мне́ вы́пить ко́фе, — ворчи́т Ди́ма.

Я́ сажа́ю ребя́т на дива́н, приношу́ ве́сь во́рох одёжек и рабо́таю за двои́х: носки́ и носки́, одни́ рейту́зы, други́е рейту́зы, дже́мпер и ко́фта, косы́нка и друга́я, ва́режки и...

— Ди́ма, где́ Ко́тькины ва́режки?

---

[1] a term of endearment (from ла́па 'paw')

Ди́ма отвеча́ет: «Почём я́ зна́ю», но́ броса́ется иска́ть и нахо́дит и́х в неположенном ме́сте — в ва́нной. Са́м туда́ и су́нул вчера́. Вкола́чиваю две́ па́ры но́г в ва́ленки, напя́ливаю ша́пки на головёнки, спешу́ и кричу́ на ребя́т, ка́к крича́т, запряга́я лошаде́й, — «сто́й же, сто́й, тебе́ говоря́т!». Ту́т подключа́ется Ди́ма — одева́ет и́м шу́бки, подвя́зывает кашне́ и пояса́. Я́ одева́юсь, оди́н сапо́г не ле́зет, ага́, во́т она́, моя́ гребёнка!

Наконе́ц мы́ выхо́дим. После́дние слова́ дру́г дру́гу: «Заперла́ две́ри?» — «Де́ньги у тебя́ е́сть?» — «Не беги́ ка́к сумасше́дшая». — «Ла́дно, не опозда́й за ребя́тами» (это я́ кричу́ уже́ сни́зу) — и мы́ расстаёмся.

Пя́ть мину́т восьмо́го, и, коне́чно, я́ бегу́. И́здали, со свое́й го́рки, я́ ви́жу, ка́к бы́стро растёт о́чередь на авто́бус, и лечу́, взма́хивая рука́ми, чтоб не упа́сть на ско́льзкой тро́пке. Авто́бусы подхо́дят по́лные, ся́дут[1] челове́к пя́ть из о́череди, пото́м ки́нутся не́сколько смельчако́в из хвоста́[2], кто́-то везу́чий успева́ет ухвати́ться за по́ручень, авто́бус взревёт и тро́нется, а из двере́й ещё до́лго торчи́т нога́ или портфе́ль.

Сего́дня я́ среди́ смельчако́в. Вспо́мнила студе́нческие го́ды, когда́ я́ была́ бегу́нья, прыгу́нья О́ля-алле́-го́п.[3] Раска́тываюсь по льду́, пры́гаю и хвата́юсь за по́ручень. И получа́ется. Когда́ мы́ утряса́емся немно́го, мне́ удаётся вы́тащить из су́мки «Ю́ность».[4] Я́ чита́ю давно́ уже́ все́ми прочи́танную по́весть Аксёнова. Я́ не всё в не́й понима́ю, но мне́ де́лается от неё ве́село и смешно́. Чита́ю да́же на эскала́торе и конча́ю после́днюю страни́чку на авто́бусной остано́вке у Донско́го.[5] В институ́т я́ успева́ю во́время. Пре́жде всего́, коне́чно, к Ва́ле в механи́ческую. Она́ се́рдится:

— Что́ вы́ всё бе́гаете? Сказа́ла же — во втору́ю полови́ну неде́ли.

— Зна́чит, за́втра?

— Не́т, послеза́втра.

---

[1] Note that perfective verbs are used here for habitual actions.

[2] 'tail, tail-end' (*i.e.* the end of the line)

[3] алле́-го́п 'alley-oop'

[4] name of a monthly literary journal

[5] Donskoy Monastery

Она́ права́. Хорошо́ бы, коне́чно, не бе́гать… Но други́е бе́гают, и стра́шно, что ты мо́жешь прозева́ть како́е-нибудь «окно́».[1]

Поднима́юсь к себе́. Прошу́ Лю́сю бе́ленькую пригото́вить на за́втра образцы́ для испыта́ний в электролаборато́рии. Сно́ва сажу́сь за гра́фик. В полови́не пе́рвого иду́ в библиоте́ку смени́ть журна́лы и катало́ги.

Я системати́чески просма́триваю америка́нские и англи́йские изда́ния по стро́йматериа́лам. Я дово́льна, что занима́лась англи́йским серьёзно ещё со шко́лы. Полиста́ть мину́т два́дцать журна́лы по́сле дву́х-трёх часо́в рабо́ты — э́то о́тдых и удово́льствие. Всё интере́сное для на́шей лаборато́рии пока́зываю Лю́се Маркоря́н, Я́кову Петро́вичу. Он то́же «англича́нин», но послабе́е меня́.

Сего́дня в библиоте́ке я успева́ю просмотре́ть «Стро́йматериа́лы-68», перелиста́ть катало́г одно́й америка́нской фи́рмы.

Смотрю́ на часы́ — без пяти́ два. Я забы́ла сда́ть свой «зака́з» на поку́пки!

Я бегу́ к себе́, по доро́ге вспомина́ю, что я так и[2] оста́лась непричёсанной. Меня́ разбира́ет смех. Запыха́вшаяся, лохма́тая, влета́ю я в на́шу ко́мнату и ока́зываюсь в це́нтре сбо́рища — ко́мната полна́. Собра́ние? Ми́тинг? Неуже́ли забы́ла?

— А вот, кста́ти, спроси́те у О́ли Воронко́вой, каки́ми интере́сами она́ руково́дствовалась, — говори́т А́лла Серге́евна, обраща́ясь к Зинаи́де Густа́вовне.

Я ви́жу по ли́цам, что идёт како́й-то горя́чий разгово́р. Обо мне́? Мо́жет, я в чём-то провини́лась?

— У нас тут разгоре́лась диску́ссия вокру́г э́той анке́ты, — поясня́ет мне Ма́рья Матве́евна, — Зинаи́да Густа́вовна подняла́ интере́сный вопро́с: ста́нет ли же́нщина, разуме́ется, сове́тская же́нщина, руково́дствоваться общенаро́дными интере́сами в тако́м де́ле, как рожде́ние дете́й.

— И вы хоти́те спроси́ть меня́ и таки́м о́бразом вопро́с реши́ть, — отвеча́ю я, успоко́ившись (я-то ду́мала, что́-нибудь по рабо́те).

---

[1] 'window' (in the sense of an opening in the schedule)

[2] та́к и — '(I had) never (finished combing my hair)'

17

Я, конечно, главный авторитет в вопросах деторождения, но мне это надоело. Кроме того, «интересный вопрос» Зинаиды — просто глупый вопрос, если даже и поверить, что он задан из чистого интереса. Но зная Зинаиду с её вечными подковырками и ехидством, надо думать, что вопрос её «вредный» и кому-то Зинаида хочет вколоть шпильку. Сама она в том счастливом возрасте, когда детей уже не рожают.

Шура разъясняет мне вполголоса, что спор закрутился вокруг пятого вопроса анкеты: «Если вы не имеете детей, то по какой причине: медицинские показания, материально-бытовые условия, семейное положение, личные соображения и пр. (нужное подчеркнуть)».

Я не понимаю, зачем спорить, когда каждая может ответить на вопрос, подчеркнув «личные соображения». Я бы даже подчеркнула «пр.». Но пятый вопрос всех заинтересовал, а наших бездетных даже задел.

Алла Сергеевна определила его как «чудовищную бестактность», Шура возразила:

— Не больше, чем вся анкета.

Люся беленькая, впитавшая из вчерашнего разговора самое тревожное («кто будет землю нашу заселять»), бросилась на защиту анкеты:

— Надо же искать выход из серьёзного и даже опасного положенья — демографического кризиса.

Лидия, моя соперница в конкурсе на младшего научного,[1] имеющая двоих обожателей, сказала:

— Те, кто замужем, те пусть и ликвидируют кризис.

Варвара Петровна, доброжелательная и спокойная, поправляет Лидию:

— Если проблема общенародного значения — значит, касается всех... до определённого возраста.

Люся чёрная пожимает плечами:

— Стоит ли спорить о таком бесперспективном деле, как эта анкета?

Сразу раздалось несколько голосов:

— Почему бесперспективное?

Люся обосновывает тем, что составители анкеты в качестве причин отказа от ребёнка выдвигают в основном личные

---

[1] ellipsis; supply сотрудника — 'junior research worker'

18

моти́вы, а зна́чит, они́ признаю́т, что ка́ждая семья́, заводя́ ребёнка, руково́дствуется соображе́ниями ли́чного пла́на, ста́ло быть, «повлия́ть на э́то де́ло никаки́ми демографи́ческими обсле́дованиями не уда́стся».

— Ты́ же забыва́ешь «материа́льно-бытовы́е усло́вия», — возража́ю я́.

Ма́рье Матве́евне не понра́вилось скепти́ческое замеча́ние Лю́си Маркоря́н. Она́ сказа́ла:

— У на́с сде́лано колосса́льно мно́го, чтобы раскрепости́ть же́нщину, и не́т никаки́х основа́ний не доверя́ть стремле́ниям сде́лать ещё бо́льше.

— Мо́жет бы́ть, лу́чший результа́т да́л бы узкопракти́ческий подхо́д к пробле́ме, — сказа́ла Лю́ся чёрная. — Вот во Фра́нции госуда́рство пла́тит ма́тери за ка́ждого ребёнка... Наве́рное, э́то лу́чше, чем вся́кие анке́ты.

— Пла́тит? Ка́к на свинофе́рме?! — брезгли́во скриви́ла ро́т А́лла Серге́евна.

— Выбира́йте слова́! — Мужско́й го́лос Эм-Эм раздаётся одновреме́нно с пискли́вым Лю́ськиным:

— Для ва́с что́ сви́ньи, что лю́ди?![1]

— Так то́ во Фра́нции, та́м же капитали́зм, — пожима́ет плеча́ми Ли́дия.

Мне́ ве́сь э́тот шу́м надое́л. Уже́ по́здно. Ужа́сно хо́чется е́сть. Кому́-то из «мама́шенек» пора́ идти́ за поку́пками. И наконе́ц, на́до же мне́ причеса́ться?! Да и вообще́ хва́тит с меня́ э́той анке́ты. Я поднима́ю ру́ку — внима́ние! — и становлю́сь в по́зу.

— Това́рищи! Да́йте сло́во многоде́тной ма́тери! Заверя́ю ва́с, что я́ родила́ двои́х дете́й исключи́тельно по госуда́рственным соображе́ниям. Вызыва́ю ва́с все́х на соревнова́ние и наде́юсь, что вы́ побьёте меня́ ка́к по коли́честву, та́к и по ка́честву проду́кции! ... А тепе́рь — умоля́ю! — да́йте кто́-нибудь хле́бца...

Я́-то ду́мала и́х насмеши́ть, да на э́том и ко́нчить спо́ры. Но кто́-то оби́делся, и начала́сь открове́нная скло́ка. Со все́х сторо́н полете́ли ядови́тые ре́плики, голоса́ повы́сились, заглуша́я дру́г дру́га. Слы́шались то́лько обры́вки фра́з: «...ва́жное де́ло превраща́ть в ци́рк», «...е́сли живо́тный инсти́нкт преоблада́ет над ра́зумом...», «безде́тники все́ эгои́сты», «...са́ми

---

[1] 'there's no difference between pigs and people?!'

19

себе́ по́ртят жи́знь», «ещё вопро́с, кака́я жи́знь испо́рченная»,
«...доброво́льно же взяли́сь увели́чивать населе́ние...», «...а кто́
ва́м пе́нсии плати́ть бу́дет, е́сли сме́ны молодо́й не хва́тит»,
«...то́лько та́ же́нщина настоя́щая, кото́рая мо́жет рожа́ть...» и
да́же «...кто́ влёз в пе́тлю, то́т пу́сть молчи́т...»(!).

А во всём э́том ха́осе два́ тре́звых го́лоса — серди́тый Ма́рьи
Матве́евны: «Э́то же не спо́р, а како́й-то база́р» — и споко́йный
Варва́ры Петро́вны: «Това́рищи, ну́ что́ вы́ та́к разгорячи́лись, в
конце́ концо́в ка́ждая из ва́с сама́ вы́брала свою́ до́лю»...

Ста́ло поти́ше, и ту́т ме́лкая душо́нка[1] Зина́йды вы́рвалась
визгли́вым вскри́ком:

— А во́т когда́ прихо́дится за ни́х дежу́рить, и́ли в
командиро́вку на заво́ды таска́ться, и́ли на отчётно-вы́борном
собра́нии[2] ве́чер просиде́ть, то́ и на́с каса́ется.

На э́том на́ш ба́бий разгово́р об анке́те и деторожде́нии
зако́нчился. И тепе́рь я́ вдру́г пожале́ла: мо́жно бы́ло бы
поговори́ть серьёзно, да́же интере́сно бы́ло бы поговори́ть.

По доро́ге домо́й я́ всё ещё ду́маю об э́том разгово́ре...
«...Ка́ждая вы́брала свою́ до́лю...» Та́к ли уж свобо́дно мы́
выбира́ем? Я́ вспомина́ю, ка́к родила́сь Гу́лька.

Коне́чно, мы́ не хоте́ли второ́го ребёнка. У на́с ещё Ко́тька
бы́л совсе́м малы́ш. Полу́тора ему́ не́ было,[3] когда́ я́ поняла́,
что опя́ть бере́менна. Я́ пришла́ в у́жас, я́ пла́кала. Записа́лась
на або́рт. Но чу́вствовала я́ себя́ не та́к, ка́к с Ко́тькой, —
лу́чше и вообще́ по-друго́му. Сказа́ла я́ об э́том в консульта́ции
немолодо́й же́нщине, сосе́дке по о́череди. А она́ вдру́г говори́т:
«Э́то не потому́, что второ́й, а потому́, что тепе́рь де́вочка». Я́
то́тчас ушла́ домо́й. Прихожу́, говорю́ Ди́ме: «У меня́ бу́дет
де́вочка, не хочу́ де́лать або́рт». О́н возмути́лся: «Что́ ты́
слу́шаешь ба́бью болтовню́!».

Но я́ пове́рила и тепе́рь ста́ла ви́деть де́вочку, све́тленькую
и голубогла́зую, ка́к Ди́ма (Ко́тя кашта́новый, каре́гла́зый — в
меня́).[4] Де́вочка бе́гала в коро́тенькой ю́бочке, трясла́
смешны́ми коси́чками, кача́ла ку́клу. Ди́ма серди́лся, когда́ я́
расска́зывала ему́, что́ ви́жу, и мы́ поссо́рились.

---

[1] 'petty little soul'

[2] 'meeting to hear progress reports and elect new officers'

[3] 'He was not even 18 months old'

[4] 'like me'

Подошёл са́мый кра́йний сро́к. Бы́л у на́с реши́тельный разгово́р. Я́ сказа́ла: «Не могу́ я́ убива́ть свою́ до́чку то́лько потому́, что на́м бу́дет трудне́е жи́ть» — и запла́кала. «Не реви́ ты́, дурёха, ну́, рожа́й, е́сли ты́ така́я безу́мная, но во́т уви́дишь — роди́шь второ́го па́рня!» Ту́т Ди́ма осёкся, до́лго смотре́л на меня́ мо́лча и, хло́пнув ладо́нью по́ столу, вы́нес резолю́цию: «Ита́к, решено́ — рожа́ем; хва́тит реве́ть и спо́рить. — О́н обня́л меня́. — А что́, О́лька, второ́й ма́льчик — э́то то́же непло́хо... Ко́сте в компа́нию». Но родила́сь Гу́лька и была́ сра́зу така́я хоро́шенькая — бе́ленькая, све́тленькая, до смешно́го похо́жая на Ди́му.

Мне́ пришло́сь уйти́ с заво́да, где́ я́ прорабо́тала всего́ по́лгода (с Ко́тькой я́ уже́ просиде́ла до́ма го́д, чу́ть дипло́ма не лиши́лась).[1] Ди́ма взя́л втору́ю рабо́ту — преподава́ть в те́хникуме на вече́рнем. Опя́ть мы́ счита́ли копе́йки, е́ли треску́, пшено́, ча́йную колбасу́.[2] Я́ пили́ла Ди́му за па́чку дороги́х сигаре́т. Ди́ма упрека́л меня́ те́м, что не высыпа́ется. Ко́тю опя́ть о́тдали в я́сли (с двумя́ я́ одна́ не могла́ спра́виться), а о́н постоя́нно боле́л и бо́льше бы́л до́ма.

Выбира́ла ли я́ тако́е? Не́т, коне́чно, не́т. Жале́ю ли я́? Не́т, не́т. Об э́том да́же говори́ть нельзя́. Я́ та́к и́х люблю́, на́ших ма́леньких дурачко́в.

И я́ спешу́ — скоре́й, скоре́й к ни́м. Я́ бегу́, су́мки с проду́ктами мота́ются и бью́т меня́ по коле́нкам. Я́ е́ду в авто́бусе, а на мои́х часа́х уже́ се́мь. Во́т они́ уже́ пришли́... То́лько бы Ди́ма не дава́л и́м наеда́ться хле́бом, не забы́л поста́вить вари́ть карто́шку.

Я́ бегу́ по тро́пкам, пересека́я пустыри́, взлета́ю по ле́стнице... Та́к и е́сть — де́ти жую́т хле́б, Ди́ма всё забы́л, он углуби́лся в техни́ческие журна́лы. Зажига́ю все́ конфо́рки: ста́влю карто́шку, ча́йник, молоко́, броса́ю на сковороду́ котле́ты. Через два́дцать мину́т мы́ у́жинаем.

Мы́ еди́м мно́го. Я́ вообще́ пе́рвый ра́з за́ день по-настоя́щему. Ди́ма по́сле столо́вой то́же не о́чень сы́т. Ребя́та — кто́ и́х зна́ет, ка́к они́ е́ли.

Де́ти уста́ли от горя́чей и оби́льной еды́, они́ уже́ подпира́ют щёки кулака́ми, глаза́ завола́кивает сно́м. На́до тащи́ть и́х

---

[1] 'I almost had my degree invalidated' (College graduates must work one year at an assigned position.)

[2] a cheap kind of salami

21

быстро в ванну под тёплую струю, класть в кроватки. В девять они уже спят.

Дима возвращается к столу. Он любит спокойно напиться чаю, посмотреть газету, почитать. А я мою посуду, потом стираю детское — Гулькины штанишки из яслей, грязные передники, носовые платки. Зашиваю Котькины колготки, вечно он протирает коленки. Готовлю всю одежду на утро, собираю Гулькины вещи в мешочек. А тут Дима тащит своё пальто — в метро ему опять оторвали пуговицу. Ещё надо подмести, выбросить мусор. Последнее — обязанность Димы.

Наконец всё переделано, и я иду принимать душ. Я это делаю всегда, даже если мне дурно от усталости. В двенадцатом часу я ложусь. Дима уже приготовил постель на нашем диване. Теперь он идёт в ванную. Уже закрыв глаза, я вспоминаю, что опять не пришила крючок к поясу. Но никаким силам не вытащить меня из-под одеяла.

Через две минуты я сплю. Я ещё слышу сквозь сон, как ложится Дима, но не могу открыть глаза, не могу ответить на какой-то его вопрос, не могу поцеловать его, когда он целует меня... Дима заводит будильник, через шесть часов эта адская машина взорвётся. Я не хочу слышать скрежета часовой пружины и проваливаюсь в глубокий, тёмный и тёплый сон.

Среда

После вчерашнего «база́ра» всем ка́к-то нело́вко, всё подчёркнуто ве́жливы и сосредото́ченно рабо́тают.

Я беру́ дневни́к испыта́ний и ухожу́ в электролаборато́рию, где меня́ ждёт Лю́ська. Она́ уже́ на ме́сте. Коке́тничает с но́вым лабора́нтом, а́хает и о́хает, гля́дя на устраша́ющие на́дписи «ОПА́СНО! ВЫСО́КОЕ НАПРЯЖЕ́НИЕ!», как бу́дто ви́дит в пе́рвый ра́з.

Лю́ська де́лает ви́д, что бои́тся — «ещё убьёт»,[1] пя́тится к две́ри и ка́к-то незаме́тно смыва́ется.

Удивля́ет она́ меня́: рука́ми рабо́тает ло́вко, что ей ра́з пока́жут — запо́мнит, но в су́ть де́ла вника́ть не хо́чет. Я пыта́лась втяну́ть её в расчёты, объясня́ть фо́рмулы. Она́ говори́т: «Я и та́к всё зна́ю — теплосто́йкость, чтобы тру́бы не раста́яли, искросто́йкость, чтобы кры́шу мо́лнией не проби́ло». Жале́ет, что пошла́ в на́ш те́хникум. О́чень лю́бит ши́ть, хоте́ла учи́ться на закро́йщицу, да бои́тся: «Кто́ тепе́рь же́нится на портни́хах».

В переры́в моя́ о́чередь де́лать заку́пки. Проду́кты на все́х — нелёгкое де́ло. Не то́лько потому́, что тяжело́ тащи́ть. А потому́, что тебя́ непреме́нно бу́дет руга́ть о́чередь, хоть и са́мая ма́ленькая. Ку́пишь колбасу́ ра́з, да ещё ра́з, да ещё... И начина́ются ре́плики: «Вы́ что́ же, для́ буфе́та закупа́ете?», «Всю́ кварти́ру обслу́живает, а мы́ ту́т сто́й[2]...» У на́с в Москве́ всё всегда́ спеша́т. Да́же те́, кому́ не́куда. То́к спе́шки заряжа́ет все́х подря́д. В магази́нах лу́чше всего́ молча́ть.

С ви́дом угрю́мым и за́мкнутым покупа́ю я в гастрономи́ческом отде́ле три́ ра́за по полкило́ ма́сла, ше́сть буты́лок молока́, три́ — кефи́ра, де́сять пла́вленых сырко́в, два́ кило́ колбасы́ и два́жды по три́ста гра́ммов сы́ра. О́чередь сно́сит э́то терпели́во, но под коне́ц кто́-то вздыха́ет притво́рно:

— А всё жа́луются — де́нег ма́ло.

---

[1] 'It could even kill you!'

[2] 'while we have to stand here'

Нагружа́юсь ещё в полуфабрика́тах[1] четырьмя́ деся́тками котле́т и шестью́ антреко́тами. Ничего́ себе́ су́мочки![2]

И во́т с э́тими-то су́мочками я вдру́г свора́чиваю со своего́ пути́, петля́ю ме́жду дома́ми и выхожу́ к стекля́нному ку́бу[3] парикма́херской. У меня́ ещё два́дцать мину́т. Остригу́сь! Когда́-то мне э́то здо́рово шло.

О́череди не́т. Под свире́пую воркотню́ гардеро́бщика оставля́ю свои́ су́мки во́зле ве́шалки на полу́, поднима́юсь наве́рх и сра́зу же сажу́сь в кре́сло к моложа́вой же́нщине с подбри́тыми бровя́ми.

— Что́ бу́дем де́лать? — спра́шивает она́ и, узна́в, что то́лько стри́чься, поджима́ет гу́бы. «Ну́, сейча́с обкорна́ет[4]...» Та́к и есть.[5] Смотрю́ в зе́ркало: окоро́ченные во́лосы топо́рщатся во́зле щёк, голова́, как равнобе́дренный треуго́льник. Я чу́ть не пла́чу, но почему́-то даю́ ей три́дцать копе́ек све́рх поло́женного и спуска́юсь одева́ться.

Гардеро́бщик хмы́кает и, отклони́в мою́ ру́ку с номерко́м, кричи́т:

— Лёнька, иди́-ка сюда́!

Появля́ется па́рень в бе́лом хала́те.

— Во́т, Лёня, — говори́т гардеро́бщик уча́стливо, — э́ту де́вушку наверху́ подстри́гли. Ты́ ка́к, мо́жешь её произвести́?[6]

Лёня огля́дывает меня́ хму́ро и кива́ет в сто́рону пусту́ющих кре́сел мужско́го за́ла. Я́ не проти́влюсь — ху́же не бу́дет.

— Согла́сно ва́шему лицу́, предлага́ю под ма́льчика[7] — не возража́ете? — спра́шивает Лёня.

— Стриги́те, — шепчу́ я́ и закрыва́ю глаза́.

Лёня щёлкает но́жницами, пригова́ривая что́-то своё, поднима́я и опуска́я мою́ го́лову лёгким прикоснове́нием па́льцев, пото́м стреко́чет маши́нкой, взбива́ет во́лосы расчёской и наконе́ц, сня́в с меня́ простыню́, говори́т:

— Мо́жете откры́ть.

---

[1] ellipsis: в отде́ле полуфабрика́тов

[2] 'These darned heavy shopping bags!'

[3] 'the cube-shaped glass building'

[4] 'do a lousy hair-cutting job'

[5] 'And that's just what happened.'

[6] 'Could you fix her up?'

[7] 'à la garçon' (*i.e.*, very short)

Открыва́ю глаза́ и вдру́г ви́жу моло́денькую заба́вную
девчо́нку, улыба́юсь ей, а она́ — мне́. Я смею́сь, Лёня то́же. Я
гляжу́ на него́ и ви́жу — он любу́ется свое́й рабо́той.

— Ну́ ка́к? — спра́шивает о́н.

5   — Замеча́тельно, вы́ про́сто волше́бник!

— Я́ про́сто ма́стер, — отвеча́ет о́н.

Су́нув Лёне в карма́н ру́бль, я смотрю́ на часы́ и о́йкаю —
уже́ три́ часа́ два́дцать мину́т.

— Опа́здываете? — сочу́вствует Лёня. — В сле́дующий ра́з

10   приходи́те пора́ньше.

— Обяза́тельно! — восклица́ю я́. — Спаси́бо!

Запыха́вшаяся прибега́ю в лаборато́рию — коне́чно, обо мне́
спра́шивал шеф. О́н в библиоте́ке, проси́л меня́ к нему́
загляну́ть. Всё о́хают, уви́дев мою́ го́лову, но мне́ не́когда,

15   схвати́в блокно́т и каранда́ш, я вылета́ю из ко́мнаты. Я бегу́ по
коридо́рам и приду́мываю, что я бу́ду вра́ть ше́фу, е́сли о́н
спро́сит, где́ я была́. Пото́м сообража́ю — это бесполе́зно,
уви́дит меня́, всё пойме́т.

Вхожу́ в чита́льный за́л, он сиди́т над кни́гой и пи́шет.

20   — Я́ков Петро́вич, я, ка́жется, ва́м нужна́?

— Да́, О́льга Никола́евна, сади́тесь. — Взгля́д на меня́. Шеф
улыба́ется: — Вы́ о́чень помолоде́ли, е́сли это мо́жно сказа́ть о
же́нщине ва́шего во́зраста... Я хоте́л ва́с проси́ть, е́сли не
затрудни́т, перевести́ мне́ сейча́с страни́чку, — и о́н протя́гивает

25   мне́ кни́гу, — а я́ бу́ду де́лать заме́тки.

Я́ начина́ю излага́ть статью́ сра́зу по-ру́сски, но он про́сит
чита́ть и англи́йский те́кст. Ко́е-что он про́сит повтори́ть. Вдру́г
я ви́жу за стекля́нной две́рью Лю́ську. Она́ де́лает мне́ каки́е-то
непоня́тные зна́ки: то бу́дто повора́чивает клю́ч в дверя́х, то

30   поднима́ет два́ расста́вленных па́льца и зака́тывает глаза́. Я
отма́хиваюсь от неё руко́й, неудо́бно всё-таки. Лю́ська
исчеза́ет. Но я́ начина́ю беспоко́иться — что́-то та́м, ви́дно,
случи́лось. Мы́ уже́ дополза́ем до конца́ отры́вка (и никака́я это
не страни́чка, а це́лых три́), но шеф про́сит повтори́ть всё

35   снача́ла бе́гло по-ру́сски. А я уже́ ка́к на иго́лках[1] — мне́ на́до к
Ва́ле в механи́ческую, на́до узна́ть, что та́м у Лю́ськи. Наконе́ц
мы́ конча́ем, шеф благодари́т, я обра́дованно отвеча́ю «спаси́бо»
и бегу́ в ста́рое зда́ние.

---

[1] 'By now I couldn't sit still.'

25

На площа́дке пе́рвого этажа́ в ста́ром зда́нии меня́ поджида́ет Лю́ська. У неё плоха́я но́вость: из са́мых «наиверне́йших исто́чников» ей ста́ло изве́стно, что механи́ческая лаборато́рия на той неде́ле бу́дет проводи́ть внеочередно́й зака́з.

— Отку́да ты э́то узна́ла?

— Я зна́ю, зна́ю, не спра́шивай меня́ отку́да, — Лю́ська де́лает таи́нственное лицо́, — зна́ю.

Впро́чем, всё равно́ — скоре́й бежа́ть к Ва́ле.

На́до покре́пче нажа́ть на Ва́лю, ина́че совсе́м завя́знем. А завя́знуть в декабре́ — э́то гроб... Коне́ц го́да, выполне́ние пла́на, отчёты и про́чее тако́е. А что́бы де́ло дви́галось, необходи́мо узна́ть — увели́чилась ли про́чность стеклопла́стика?

В механи́ческой стои́т бо́дрый гро́хот. В конто́рке вме́сто Ва́ли сиди́т ма́ленький Горфу́нкель из лаборато́рии древе́сных плит и рабо́тает. Нет, ока́зывается, не рабо́тает, а и́щет свой очки́, почти́ положи́в лысова́тую го́лову на стол и копоша́сь коро́ткими ру́чками в во́рохе бума́жек, как черепа́ха в се́не. Я нахожу́ его́ очки́ и подаю́ ему́. Где Ва́ля, он не зна́ет, — вы́шла.

— Давно́?

— Давно́!

Я возвраща́юсь к себе́, по доро́ге загля́дывая во все лаборато́рии. Ва́ли нигде́ нет. Пря́чется она́, что ли?

За че́тверть часа́ до конца́ рабо́ты в на́шу ко́мнату набива́ется наро́д. Зинаи́да раздаёт биле́ты в теа́тр — на́ши иду́т на «Бег»[1] к Ермо́ловой.[2]

Ку́льтпохо́д — э́то не для меня́, не для нас с Ди́мой. Мне де́лается гру́стно. Мы не́ бы́ли в теа́тре... Пыта́юсь вспо́мнить, когда́ же мы ходи́ли куда́-нибудь, и не могу́. Ду́ра я, что не заказа́ла биле́т. Пусть бы Ди́ма пошёл оди́н,[3] мы ведь всё равно́ не мо́жем вме́сте.

Ди́мина мать ня́нчит вну́ков от до́чери, живёт на друго́м конце́ Москвы́; моя́ ма́ма умерла́; тётя Ве́ра, у кото́рой я жила́, когда́ оте́ц сно́ва жени́лся, оста́лась в Ленингра́де, а моя́ моско́вская тётка, Со́ня, ужа́сно бои́тся дете́й.

---

[1] a play by M. Bulgakov
[2] 'to the Ermolova Theater' (Ermolova — an early 20th century actress)
[3] 'Dima could have gone without me'

Некому нас отпускать, что делать...

Выхожу из института. Снегопад только что прекратился,
снег ещё лежит на тротуарах. На улице бело. Вечер.
Оранжевые прямоугольники окон висят над синими
палисадниками. Воздух чист и свеж. Я решаю пройти пешком
часть пути. В сквере у стен Донского монастыря фонари
освещают запушённые ветки, заснеженные скамейки. Там, где
нет огней, за верхушками деревьев виднеется тоненькая
скобочка месяца...

Вдруг на меня накатывает тоскливое желанье идти налегке,
без ноши, без цели. Просто идти — не торопясь, спокойно,
совсем медленно. Идти по зимним московским бульварам, по
улицам, останавливаться у витрин, рассматривать фотографии,
книги, туфли, не спеша читать афиши, обдумывая, куда б я
хотела пойти, потихоньку лизать эскимо и где-нибудь на
площади под часами, всматриваясь в толпу, ждать Диму.

Всё это было, но так давно, что мне кажется, будто это
была не я, а какая-то ОНА.

Было так: ОНА увидела его. ОН увидел её, и они полюбили
друг друга.

Был большой вечер в строительном институте — встреча
студентов старших курсов с выпускниками. Шумный вечер с
весёлой викториной, шутками, шарадами, карнавалом масок,
джазом, стрельбой из хлопушек, танцами. Она выступала с
гимнастическим номером — с обручем, прыгала, перегибалась,
кружилась. Ей долго хлопали, ребята кричали: «О-ля, О-ля!» —
а потом наперебой приглашали танцевать. Он не танцевал, а
стоял, прислонившись к стене, большой, широкоплечий, и
следил за ней взглядом. Она заметила его: «Какой славный
увалень». Потом, проходя мимо него ещё раз: «На кого он
похож? На белого медведя? На тюленя?» И в третий: «На
белого тюленя; чудо-юдо белый тюлень». А он только смотрел
на неё, но танцевать не звал. Ей было весело, радостно, она
кружилась беспрерывно и всё не могла устать.

Когда объявили «белый танец»,[1] она подбежала к нему,
осыпая конфетти с коротко остриженных волос. «Наверное, он

---

[1] 'Sadie Hawkins dance' (ladies' choice)

27

не танцу́ет». Но о́н танцева́л ло́вко и легко́. Её това́рищи пыта́лись и́х разлучи́ть, зва́ли: «О́-ля, О́-ля, и-ди́ к на́м!» — заки́дывали на неё серпанти́н, но то́лько запу́тали и связа́ли и́х бума́жными ле́нтами.

О́н провожа́л её, хоте́л уви́деть за́втра, но она́ уезжа́ла в Ленингра́д.

По́сле кани́кул, ве́сь февра́ль, появля́лся о́н ве́чером в вестибю́ле, жда́л её у большо́го зе́ркала и провожа́л на Пу́шкинскую, где́ она́ жила́ у тётки.

Одна́жды о́н не пришёл. Не́ было его́ и наза́втра. Не уви́дев его́ на обы́чном ме́сте и через два́ дня́, она́ огорчи́лась, оби́делась. Но не ду́мать о нём уже́ не могла́.

Через не́сколько дне́й о́н появи́лся — у зе́ркала, ка́к всегда́. Она́ вспы́хнула и, заговори́в с де́вушками, бы́стро пошла́ к вы́ходу. О́н догна́л её на у́лице, си́льно схвати́л за пле́чи, поверну́л к себе́ и, не обраща́я внима́ния на прохо́жих, прижа́лся лицо́м к её мехово́й ша́почке. «Я́ бы́л в сро́чной командиро́вке, соску́чился ужа́сно, я́ ведь не зна́ю твоего́ телефо́на, а́дреса... Прошу́ тебя́, пое́дем ко мне́, к тебе́ — куда́ хо́чешь».

На углу́ мигну́л зелёный глазо́к такси́, они́ се́ли и е́хали мо́лча, держа́сь за́ руки.

О́н жи́л в большо́й коммуна́льной кварти́ре. У вхо́да под телефо́ном стоя́ло кре́сло с дра́ной оби́вкой. То́тчас приоткры́лась ближа́йшая две́рь, вы́сунулась стару́шечья голова́ в платке́, и скры́лась. Что́-то прошурша́ло в глубине́ коридо́ра, куда́ не доходи́л све́т ту́склой и пы́льной ла́мпочки. Ей ста́ло не по себе́,[1] она́ гото́ва была́ пожале́ть, что пое́хала к нему́.

В конце́ апре́ля они́ пожени́лись. В его́ полупусту́ю ко́мнату с тахто́й и чертёжной доско́й вме́сто стола́ перевезли́ её ве́щи: чемода́н, свёрток с посте́лью, свя́зку кни́г.

В мечта́х, ра́ньше, она́ представля́ла всё совсе́м ина́че: мра́морную ле́стницу во дворце́ бракосочета́ний, ма́рш Мендельсо́на, бе́лое пла́тье, фату́, ро́зы, бога́тое засто́лье с кри́ками «го́рько!».

Ничего́ э́того не́ было. «Сва́дьбу? Заче́м она́ тебе́? — удиви́лся о́н. — Дава́й лу́чше улети́м в далёкие края́»...

---

[1] 'she felt out of place'

Ра́но у́тром они́ расписа́лись — она́ прие́хала в ЗАГС с подру́гой, он с това́рищем. Он принёс ей бе́лые кружевны́е гвозди́ки на дли́нных сте́блях. У неё до́ма их ждал за́втрак, пригото́вленный тёткой. По́дняли бока́лы за новобра́чных, пожела́ли им сча́стья. Това́рищи проводи́ли до авто́буса, иду́щего на Вну́ковский аэродро́м. А через шесть часо́в они́ уже́ бы́ли в Алу́пке.[1]

Они́ посели́лись в ста́ром до́мике, у скло́на горы́. К нему́ вела́ тро́пка, со ступе́нями на поворо́тах. У́зкий вы́мощенный дво́рик нависа́л над пло́ской кры́шей друго́й са́кли. Невысо́кая и́згородь, сло́женная из ди́кого ка́мня, прораста́ла у́сиками виногра́да, тяну́вшегося сни́зу. Во дворе́ стоя́ло еди́нственное де́рево — ста́рый оре́х, наполови́ну засо́хший. Часть его́ ветве́й — го́лых, се́рых — напомина́ла о зиме́, о холо́дных края́х; на други́х гу́сто сиде́ли тёмнозелёные ли́стья. Лило́вые ки́сти глици́нии, оплета́вшей са́клю, свиса́ли в про́резях у́зких о́кон, наполня́ли двор сла́дким за́пахом.

Внутри́ са́кли бы́ло темно́ и прохла́дно. Ни́зкая печь в тре́щинах,[2] ви́дно, давно́ не топи́лась. Хозя́йка, ста́рая украи́нка, принесла́ им ве́чером из свое́й хиба́рки кру́глую трёхно́гую жаро́вню. Лёгкое синева́тое пла́мя броди́ло по угла́м. Они́ откры́ли дверь на́стежь и вы́шли во двор.

Бы́ло темно́ и ти́хо. Свет фонаре́й не доходи́л сюда́, луна́ ещё не взошла́. Они́ стоя́ли и слу́шали, как внизу́ ды́шит, у́хает мо́ре. В глухо́й дали́ мига́л сла́бый огонёк — мо́жет, фона́рь на рыба́чьем барка́се, мо́жет, костёр на берегу́. Ве́тер дул с гор, доноси́л за́пахи ле́са.

Над са́клей раски́нулось чёрное не́бо со звёздами. Тёмные ве́тви оре́ха висе́ли над гли́няной кры́шей с полуобвали́вшейся трубо́й. И они́ вдвоём, и никого́ — ночь, мо́ре, тишина́.

У́тром они́ бежа́ли по тро́пке вниз, за́втракали в кафе́, пото́м броди́ли по бе́регу. Взбира́лись на крутоло́бые ка́мни,[3] гре́лись, как я́щерицы, на со́лнце, смотре́ли на кипе́ние воды́ внизу́ — взры́вы студёных брызг долета́ли до них. Бы́ло безлю́дно, ти́хо, чи́сто... Ски́нув пла́тье, в купа́льнике, де́лала она́

---

[1] a city in the Crimea

[2] 'cracked'

[3] 'big, round-topped boulders' (*Lit.* 'with high forehead')

гимнасти́ческие упражне́ния. Он смотре́л, как ло́вко, как высоко́ она́ пры́гает, проси́л: «А ну́-ка ещё!» Поро́й, когда́ мо́ре бы́ло ти́хим, они́ броса́лись в во́ду. Проплы́в немно́го, они́ выска́кивали на бе́рег и пото́м до́лго лежа́ли на со́лнце. Расска́зывали друг дру́гу о де́тстве, роди́телях, шко́ле, друзья́х, институ́те.

Изредка поднима́лись они́ в го́ры. Здесь бы́ло совсе́м пусты́нно. Ти́хо стоя́ли со́сны, лени́во пока́чивая ветвя́ми. Отсю́да, све́рху, мо́ре каза́лось фиоле́товым.

По́лме́сяца внеза́пно ко́нчились.

Ра́нним воскре́сным у́тром с рюкзако́м, с чемода́ном он и она́ сади́лись в авто́бус. Они́ покида́ли рай.

Это бы́ло пять лет тому́ наза́д.

Напра́сно пошла́ я пешко́м,[1] разду́малась. По́здно! Я бегу́ вниз по эскала́тору, задева́ю люде́й наби́той су́мкой, но останови́ться не могу́.

Я не о́чень опозда́ла, но всё тро́е уже́ ходи́ли с куска́ми.[2] У Ди́мы был винова́тый вид, и я ничего́ не сказа́ла, а ки́нулась скоре́е на ку́хню. Через де́сять мину́т я поста́вила на стол большу́ю сковоро́ду с пы́шным омле́том и кри́кнула:

— У́жинать скоре́й!

Дети́шки вбежа́ли в ку́хню, Ко́тька бы́стро усе́лся на своё ме́сто, схвати́л ви́лку, пото́м взгляну́л на меня́ и закрича́л:

— Па́па, иди́ сюда́, смотри́, у нас ма́ма — ма́льчик!

Ди́ма вошёл, улыбну́лся: «Кака́я ты ещё молоде́нькая, ока́зывается» — и во вре́мя у́жина погля́дывал на меня́, а не чита́л, как обы́чно. И посу́ду мыл со мной вме́сте и да́же пол подмёл сам.

— О́лька, ты ведь совсе́м така́я, как пять лет наза́д!

По э́тому слу́чаю мы забы́ли завести́ буди́льник.

---

[1] 'I shouldn't have walked, it was foolish of me to have gone on foot'

[2] ellipsis; supply хле́ба: they were walking around, munching.

Четверг

Мы́ вскочи́ли в полови́не седьмо́го, Ди́ма бро́сился буди́ть
дете́й, я́ на ку́хню — то́лько ко́фе и молоко́! — пото́м к ни́м
помога́ть. Похо́же, что успе́ем вы́йти во́время. Но́ вдру́г Ко́тька,
5   допи́в молоко́, заяви́л:

— Я́ не пойду́ в са́дик.

Мы́ в два́ го́лоса:[1]

— Не выду́мывай!

— Одева́йся!

10   — Пора́!

— Мы́ ухо́дим!

Не́т. Мота́ет головёнкой, насу́пился, во́т-во́т запла́чет. Я́
присе́ла пе́ред ни́м:

— Ко́тя, ну́ скажи́ на́м с па́пой, что́ случи́лось? В чём де́ло?

15   — Меня́ Ма́йя Миха́йловна наказа́ла, не пойду́.

— Наказа́ла? Зна́чит, ты́ балова́лся, не слу́шался...

— Не́т, я́ не балова́лся. А она́ нака́зывает. Не пойду́.

Мы́ ста́ли одева́ть его́ наси́льно, о́н на́чал толка́ться,
брыка́ться и зареве́л. Я́ тверди́ла одно́:

20   — Ко́тя, одева́йся, Ко́тя, на́до идти́, Ко́тя, мы́ с па́пой
опа́здываем на рабо́ту.

Ди́ма догада́лся сказа́ть:[2]

— Идём, я́ поговорю́ с Ма́йей Миха́йловной, вы́ясним, что́ та́м
у ва́с.

25   Ко́тька, кра́сный, по́тный, за́литый слеза́ми, всхли́пывая,
пыта́ется рассказа́ть:

— Ви́тька свали́л, а не я́. О́н разби́лся, а она́ меня́
по-са-ди́-ла од-ного́[3]... Э́то не я́! Э́то не я́! — И опя́ть рыда́нья.

— Кто́ разби́лся — Ви́тька?

30   — Не́-е-ет, цве-е-то́к...

Я́ сама́ чу́ть не пла́чу — та́к мне́ жа́лко малыша́, та́к ужа́сно
тащи́ть его́, тако́го оби́женного, силко́м. И стра́шно: ве́сь

---

[1] 'in unison'

[2] 'it occured [to him] to say; [he] hit upon the idea of saying'

[3] 'made me sit by myself'

по́тный, ещё просту́дится. Умоля́ю Ди́му непреме́нно узна́ть, что произошло́, сказа́ть воспита́тельнице, как Ко́тя не́рвничает.

— Ла́дно, не раскиса́йте, — говори́т Ди́ма суро́во, — их там два́дцать во́семь штук,[1] мо́жно и ошиби́ться.

Тут вдруг Гу́ля, кото́рая была́ до после́дней мину́ты споко́йна, запла́кала и ста́ла тяну́ть ко мне ру́чки:

— Хочу́ к ма́ме.

Броса́ю их всех, кричу́ с ле́стницы Ди́ме: «Позвони́ мне обяза́тельно!» — сбега́ю вниз, несу́сь к авто́бусу, штурму́ю оди́н, друго́й... В тре́тий попада́ю.

Е́ду и всё вре́мя ду́маю о Ко́тьке. В гру́ппе действи́тельно два́дцать во́семь ребя́т, у воспита́тельницы, коне́чно, мо́жет не хвати́ть на всех внима́ния и да́же сил. Но лу́чше совсе́м не разбира́ться, е́сли не́когда, чем разобра́ться не до конца́, наказа́ть несправедли́во...

Вспомина́ю, как зва́ла меня́ заве́дующая, когда́ Ко́тьку переводи́ли в наш но́вый сад, рабо́тать ня́нечкой, как угова́ривала:[2] «Полторы́ ста́вки, воспита́тельница помога́ет раскладу́шки расста́вить, посте́ли со стеллаже́й снять, дете́й на прогу́лку оде́ть». Ви́дно, обе́им хорошо́ достаётся — и ня́не и воспита́тельнице.[3] Предста́вить то́лько — два́дцать пять рейту́з, платко́в, ша́пок, пятьдеся́т носко́в, ва́ленок, рукави́чек, да ещё шу́бки, да кашне́ и пояса́ подвяза́ть... И всё э́то на́до два́жды наде́ть да оди́н раз снять, а ещё по́сле дневно́го сна́... Два́дцать пять... Что э́то за «но́рмы», кто то́лько их вы́думал? Наве́рное, у кого́ дете́й нет и́ли у кого́ они́ в са́дик не хо́дят...[4]

Е́ду уже́ в метро́, и вдруг меня́ как[5] сту́кнет — сего́дня же политзаня́тия, семина́р, а я забы́ла до́ма програ́мму, забы́ла да́же загляну́ть в неё... А ведь я взяла́сь подгото́вить вопро́с и... забы́ла! Заня́тия раз в два ме́сяца, мо́жно, коне́чно, забы́ть. Но раз я взяла́сь, забыва́ть бы́ло нельзя́. Ну, ла́дно, прие́ду, возьму́ у Лю́си Маркоря́н програ́мму, аво́сь что-нибудь успе́ю сообрази́ть.

---

[1] 'there are 28 of them there' (*Lit.* '28 pieces, items')

[2] 'I remember [her] trying to talk me into taking the job'

[3] 'both the teacher (day-care worker) and the assistant have their hands full'

[4] 'somebody who has no children or whose children don't go to kindergarten'

[5] как intensifies the action: 'it really hit me'

Всё же пе́рвая моя́ забо́та должна́ бы́ть «механи́ческая». Е́сли я́ сего́дня не прорву́сь туда́, бу́дет пло́хо. Загля́дываю — Ва́ли не́т. Кричу́:

— Где́ Ва́ля?

Ва́ля куда́-то вы́шла. Опя́ть! Оставля́ю ей запи́ску, в кото́рой всё, кро́ме одно́й фра́зы, непра́вда: «Ва́лечка, ми́лая, выруча́йте! Без испыта́ний у на́с всё останови́лось. На меня́ се́рдится Я. П. Второ́й де́нь не могу́ ва́с заста́ть».

Наверху́ никто́ меня́ не спра́шивает, почему́ я́ та́к по́здно, но всё хотя́т рассмотре́ть но́вую причёску, вчера́ они́ не успе́ли. Я верчу́сь во все́ сто́роны — заты́лком, в про́филь. Ту́т вхо́дит А́лла Серге́евна и, сказа́в с улы́бкой: «О́чень ми́ло», сообща́ет, что мно́ю то́лько что интересова́лась Ва́ля.

Я вылета́ю в коридо́р, но не успева́ю сде́лать не́сколько шаго́в, как меня́ оклика́ют — к телефо́ну. Э́то Ди́ма. О́н успока́ивает меня́ — Ма́йе про Ко́тьку сказа́л, она́ обеща́ла разобра́ться. Меня́ э́то не утеша́ет.

— Она́ та́к и сказа́ла?

— Да́, и́менно та́к.

— А ты́ ей рассказа́л, что́ о́н говори́т?

— Расска́зывать осо́бенно не пришло́сь, но са́мое гла́вное сказа́л...

Пове́сив тру́бку, вспомина́ю, что не предупреди́ла Ди́му о политзаня́тиях, — ведь я́ приду́ на полтора́ часа́ по́зже. И загото́вок к у́жину не успе́ла сего́дня сде́лать! А дозвони́ться в Ди́мин «я́щик»[1] нелегко́. Попро́бую по́зже, а сейча́с скоре́е к Ва́ле, пока́ никто́ не проскочи́л вперёд!

Ва́ля недово́льна — я пришла́ недоста́точно бы́стро. Ворчи́т:

— То́ бе́гают, бе́гают, то́ не дозовёшься.[2]

Сего́дня у ни́х произво́дственное совеща́ние, с четырёх[3] свобо́дны все́ устано́вки, е́сли рабо́тать самостоя́тельно — пожа́луйста. То́т, за ке́м э́то вре́мя, отказа́лся.[4]

С четырёх? Э́то сли́шком по́здно! Всего́ полтора́ часа́, е́сли б не́ было семина́ра. А о́н начина́ется в 16.45. И я́ не могу́

---

[1] 'office' (я́щик 'box, mailbox' is slang for a secret institution)

[2] 'They're either running around all over the place or you can't reach them [when you really need them].'

[3] 'after 4 o'clock'

[4] 'The person who reserved that time has cancelled.'

сегодня с него отпрашиваться, раз мне выступать. Значит, всего сорок пять минут. Объясняю Вале, но она не понимает.

— Вы просили, вот я вам и даю.

— Нельзя ли начать хоть на часик пораньше, хоть на одной
5 установке?

— Нет, нельзя.

— Как же мне быть?[1] — думаю я вслух.

— Уж не знаю. Решайте... А то отдам другим. Желающих много...

10 — А кто там пораньше, может, мне поменяться?[2]...

— Нет уж, не устраивайте мне тут обменное бюро[3] — и так у нас проходной двор[4]...

Хорошо, мы берём это время — значит, в 16.00.

На обратном пути ломаю голову — как быть?[5] Может,
15 Люське отпроситься с занятий, провести несколько опытов? Только каждый образец надо измерить микрометром, обязательно каждый, хоть они изготовлены по стандарту... Сделает она это? А вычислить площадь поперечного сечения? Не признаёт она этой тщательности. Нет, Люську отставить.
20 Кого ещё можно просить — Зинаиду? Но она, наверное, забыла всё это.

Значит, необходимо отпроситься с семинара.

Я сижу над дневником, составляю сводку вчерашних электроиспытаний, а в голове всё вертится мыслишка, как бы
25 мне удрать от всех да поработать в физико-механической до конца дня.

— А где Люся Вартановна? — спрашиваю я.

Все молчат. Неужели никто не знает? Ну, если так, то я пропала. Значит, Люся чёрная «ушла думать». В таких случаях
30 она умеет скрыться так, что никто её не найдёт.

Внезапно наступает перерыв. Люся беленькая, наклонясь ко мне, говорит:

---

[1] 'What shall I do? How am I going to manage this?'

[2] 'Maybe there's somebody on earlier I can switch with?'

[3] 'an exchange bureau' (an office that keeps records of people trading apartments)

[4] 'there are too many people running around here already' (проходной двор is a courtyard within apartment houses that people use for a shortcut, going in and out in all directions)

[5] 'What shall I do? How am I going to manage this?'

— Ты́ что́, спи́шь, что́ ли, говори́ скоре́й, чего́ тебе́,[1] заде́рживаешь,[2] ведь два́ часа́.

Я́ начина́ю сообража́ть вслу́х, что́ мне́ на́до, а Лю́ська торо́пит:

— Ну́, всё, что́ ли?

— Всё, — отвеча́ю я́, — ра́з тебе́ не́когда, то всё!

— Ну́, что́ зли́шься? — уступа́ет Лю́ська.

А я́ не злю́сь, я́ про́сто не зна́ю, что́ мне́ де́лать. И как ра́з в э́ту мину́ту телефо́н: «Воронко́ву про́сят сро́чно в проходну́ю[3] приня́ть изде́лия с произво́дства».[4] Я́ кида́ю Лю́ське две́ трёшницы:

— Купи́ что́-нибудь мясно́е. — В дверя́х вспомина́ю: — И чего́-нибудь пожева́ть (я́ ведь ещё не е́ла сего́дня).

Внизу́ в проходно́й лежа́т вы́брошенные из пика́па три́ громо́здких свёртка с на́дписями: «В полиме́ры Воронко́вой» — пе́рвые о́пытные изде́лия из стеклопла́стика-1, вы́полненные на на́шем эксперимента́льном заво́де, — кро́вельные пли́тки, то́лстые коро́ткие тру́бы.

Спра́шиваю у вахтёра, где Юра — на́ш рабо́чий, посы́льный, «ма́льчик на подхва́те». То́лько что бы́л ту́т. Он всегда́ «то́лько что» та́м бы́л, где о́н ну́жен. Про́бую найти́ его́ по телефо́ну, но́ мне́ не́когда. Беру́ оди́н из свёртков и тащу́ его́ по ле́стнице на тре́тий эта́ж. Ста́рый вахтёр причита́ет, жале́я меня́, брани́т Юру. Под э́тот аккомпанеме́нт я́ потихо́ньку перета́скиваю все́ свёртки к на́м в лаборато́рию. Когда́ я́ тащу́сь с после́дним, меня́ догоня́ет Лю́ська с на́шими поку́пками:

— О́ля, «Ло́тос»[5] даю́т в хозтова́рах, я́ заняла́ о́чередь,[6] кто́ б пошёл, взя́ли бы на все́х...

«Ло́тос» ну́жен, о́чень ну́жен, но я́ то́лько машу́ руко́й — не до «Ло́тоса» мне́,[7] уже́ четвёртый ча́с,[8] то́лько бы успе́ть собра́ться в механи́ческую и хотя́ бы в програ́мму загляну́ть.

---

[1] 'What do you want?'

[2] 'you're holding me up'

[3] 'checkpoint'

[4] 'samples from the factory'

[5] name of a detergent

[6] 'reserved a place in the line' (by telling the people behind her she'd soon be back)

[7] 'I can't be bothered with Lotus now.'

[8] 'after three'

Но Люси Маркорян всё ещё нет... Впрочем, я же решила — иду́ в механи́ческую?! Во́т съём, что мне Лю́ська принесла́, и умота́юсь. Но бе́ленькая куда́-то пропа́ла — не за «Ло́тосом» ли? Ле́зу к ней в су́мку — две бу́лки, два творо́жных сырка́. Уж полови́на-то наве́рное мне.

Собира́юсь потихо́ньку, образцы́ на́ши давно́ внизу́, и без пяти́ четы́ре исчеза́ю.

Я погружа́юсь в увлека́тельный спо́рт, в кото́ром я тре́нер, а мой подопе́чный спортсме́н — Пла́стик. Он прошёл пе́рвый ту́р и гото́вится ко второ́му: опя́ть измеря́ется толщина́, ширина́, опя́ть вычисля́ется пло́щадь попере́чного сече́ния...

Через не́которое вре́мя я нахожу́ на листе́ с подсчётами сдо́бную бу́лку и творо́жный сыро́к. Во́т интере́сно! Я уже́ съе́ла бу́лку и сыро́к наверху́. Что э́то — приходи́ла Лю́ська? Я не заме́тила. О́чень хорошо́ та́к рабо́тать — в те́мпе, молчали́во, оди́н на оди́н с де́лом.

Но вдру́г до меня́ дохо́дит моя́ фами́лия, кото́рую выкри́кивают напо́ристо и зло:

— Воронко́ва! Воронко́ва!! Да Воронко́ва же!!

Огля́дываюсь. У двере́й стои́т Ли́дия.

— Заня́тия начина́ются. Дава́й. И поскоре́й. — Вы́палив э́то, она́ хло́пает две́рью.

Я сбра́сываю уже́ изме́ренные образцы́ обра́тно в коро́бку, туда́ же кида́ю микро́метр, каранда́ш, листы́ бума́ги с расчётами, а све́рху хло́паю дневни́к испыта́ний.

На заня́тия собира́ется вся́ лаборато́рия — челове́к два́дцать; прохо́дят они́ в большо́й, сосе́дней с на́шей ко́мнате. Забега́ю к себе́, сва́ливаю на сто́л всё иму́щество, беру́ каранда́ш, тетра́дку и с винова́тым ви́дом вхожу́.

Говори́т са́м Зачура́ев, руководи́тель на́ш, отставно́й подполко́вник. Но ка́к то́лько я открыва́ю две́рь, он замолка́ет. Я прошу́ извине́ния и де́лаю попы́тку пробра́ться к Лю́се Маркоря́н.

— Что́ ж вы та́к запа́здываете? — се́рдится Зачура́ев. — Сади́тесь, во́т же свобо́дное ме́сто. — И о́н ука́зывает на ближа́йший сту́л. — ...Дава́йте продо́лжим. Зна́чит, сейча́с перейдёт к но́вому вопро́су.

...Ужа́сно, что я́ так и[1] не предупреди́ла Ди́му о семина́ре.
Что́ он бу́дет де́лать с детьми́? Че́м и́х нако́рмит без меня́?
Ведь я́ у́тром ничего́ не успе́ла загото́вить к у́жину... Ка́к та́м
Ко́тька с его́ пережива́ниями? Я́ не уве́рена, что Ма́йя
Миха́йловна не причини́ла ему́ но́вых напра́сных оби́д...

За́нятия око́нчились. Бего́м до ко́мнаты, хвата́ю су́мку и
бего́м же до раздева́лки.

Часы́ в вестибю́ле пока́зывали че́тверть восьмо́го. Такси́ бы
схвати́ть,[2] не домо́й, коне́чно, но хоть до метро́!

Но такси́ не попа́лось, и я́ бежа́ла до тролле́йбуса, а пото́м
бежа́ла по эскала́тору в метро́, а пото́м до авто́буса... И вся́
по́тная, о́коло девяти́ влете́ла в до́м.

Де́ти уже́ спа́ли. Гу́ленька у себя́ на крова́тке разде́тая, а
Ко́тька оде́тый у на́с на дива́не. В ку́хне за столо́м,
заста́вленным гря́зной посу́дой, сиде́л Ди́ма, рассма́тривал
чертежи́ в журна́ле и е́л хле́б с баклажа́нной икро́й.[3] На плите́,
выки́дывая султа́н па́ра, бушева́л ча́йник.

— Что́ э́то зна́чит? — стро́го спроси́л Ди́ма.

Я́ сказа́ла ко́ротко, каки́м бы́л сего́дняшний де́нь, но о́н не
при́нял мои́х объясне́ний — я́ должна́ была́ дозвони́ться и
предупреди́ть. О́н пра́в, я́ не ста́ла спо́рить.

— Че́м же ты́ накорми́л дете́й?

Оказа́лось, чёрным хле́бом с баклажа́нной икро́й, кото́рая и́м
о́чень понра́вилась — «съе́ли це́лую ба́нку», — а пото́м напои́л
молоко́м.

— На́до бы́ло ча́ем, — заме́тила я́.

— Отку́да я́ зна́ю, — бу́ркнул Ди́ма и опя́ть уткну́лся в
журна́л.

— А что́ Ко́тька?

— Ка́к ви́дишь, спи́т.

— Я́ ви́жу. Я́ о са́дике.[4]

— Ничего́, обошло́сь.[5] Бо́льше не пла́кал.

— Дава́й разде́нем его́, перенесём в крова́тку.

— Мо́жет, снача́ла всё-таки поеди́м?

---

[1] '(I) never did (warn Dima...)' (in the sense that she forgot to warn him)

[2] 'I'd better grab a taxi'

[3] 'eggplant purée'

[4] ellipsis; supply говорю́

[5] 'It went ok. It all blew over. We settled it.'

37

Ла́дно, уступа́ю. С голо́дным мужчи́ной бесполе́зно разгова́ривать.

Поцелова́в и прикры́в Ко́тьку (он показа́лся мне́ бле́дным и уста́вшим), я́ возвраща́юсь на ку́хню и де́лаю большу́ю яи́чницу с колбасо́й. У́жинаем.

В до́ме по́лный бедла́м. Всё разбро́санное в у́тренней спе́шке та́к и валя́ется. А на полу́ во́зле дива́на во́рох де́тских веще́й — шу́бки, ва́ленки, ша́пки. Ди́ма не убра́л, очеви́дно, в зна́к проте́ста — не опа́здывай.

По́сле яи́чницы и кре́пкого горя́чего ча́я Ди́ма добре́ет. Вдвоём мы́ раздева́ем и укла́дываем сы́на, убира́ем де́тскую оде́жку. Пото́м я́ отправля́юсь на ку́хню и в ва́нную — убира́ть, стира́ть, полоска́ть…

Я́ легла́ то́лько в пе́рвом часу́.[1] А в полови́не тре́тьего мы́ просну́лись от гро́мкого Гу́лькиного пла́ча. У неё заболе́л живо́т, сде́лался поно́с. Пришло́сь её мы́ть, переодева́ть, перестила́ть посте́ль, вта́лкивать в неё фталазо́л и кла́сть гре́лку.

— Во́т она́, икра́ с молоко́м, — ворча́ла я́.

— Ничего́, — успока́ивал Ди́ма, — э́то та́к, ра́зовое.

Пото́м я́ сиде́ла во́зле Гу́льки, приде́рживая гре́лку, мурлы́кала со́нно «ба́ю-ба́ю-ба́иньки, под кусто́м спя́т за́иньки…», голова́ моя́ лежа́ла на свобо́дной руке́, рука́ на бо́ртике крова́тки.

Легла́ я́ о́коло четырёх и, ка́жется, то́лько закры́ла глаза́ — буди́льник.

---

[1] 'after midnight' (between 12 and 1)

Пятница

С утра́ меня́ песо́чат в на́шей ко́мнате за то́, что я́ не подгото́вила вопро́са, затяну́ла заня́тия. Я́ поко́рно выслу́шиваю всёх недово́льных, прошу́ извине́нья. А мы́сли мои́ вью́тся вокру́г ребя́т. Мы́ отвели́ Гу́льку в я́сли, хотя́ сле́довало бы оста́вить её до́ма. Оста́вить на оди́н де́нь мо́жно и без спра́вки, но без спра́вки не мо́жем обойти́сь ни я́, ни Ди́ма. А вы́звать врача́ — зна́чит, сказа́ть, что́ бы́ло. Вра́ч, коне́чно, пошлёт на ана́лиз, ра́з э́то желу́дочное. Ана́лиз — зна́чит, не́сколько дней. . . И мы́ отвели́ Гу́льку.

Меня́ бы́стро проща́ют, да́же Ли́дия смягчи́лась. Ма́рья Матве́евна сообща́ет — «стро́го ме́жду на́ми», — что с но́вого го́да у на́с бу́дет но́вый руководи́тель заня́тий — кандида́т[1] филосо́фских нау́к.

Перехо́дим к свои́м дела́м. Пя́тница — коне́ц неде́ли: забо́т у всех ку́ча. Что́-то на́до зако́нчить по рабо́те, вы́писать в библиоте́ке кни́ги и журна́лы, назна́чить деловы́е встре́чи на понеде́льник, ли́чные свида́нья на выходны́е, в переры́в сде́лать маникю́р или набо́йки[2]. . . На́м, «мама́шенькам», предстоя́т больши́е заку́пки на два́ дня́.

И ещё — на́до запо́лнить анке́ту. Всё как бу́дто жда́ли после́днего дня́, у всех возни́кли вопро́сы, и всё потяну́лись в отде́л ка́дров за све́деньями о больни́чных. Э́то реши́ли провести́ организо́ванно — командирова́ли Лю́сю бе́ленькую помо́чь в подсчётах.

Я́ зна́ю, ни у кого́ не бу́дет сто́лько дней по боле́зни, ка́к у меня́.

Но ду́мать об э́том не́когда — и у меня́, ка́к у всех, полно́ дел. На́до разобра́ться в то́м, что я́ вчера́ сде́лала в механи́ческой. Всё моё иму́щество, кото́рое я́ вчера́ бро́сила на сто́л, та́к и лежи́т. Оби́дно, что я́ не испо́льзовала предло́женное Ва́лей вре́мя. . . По расписа́нию на то́й неде́ле[3] у

---

[1] 'a PhD in philosophy'

[2] 'have plates or cleats put on the heels of shoes'

[3] 'next week'

39

нас в механи́ческой це́лый де́нь. Бу́дем рабо́тать втроём: я, их
лабора́нтка, Лю́ська. Мо́жет, и сде́лаем всё, мо́жет, успе́ем?

Я перепи́сываю в дневни́к результа́ты вчера́шнего о́пыта,
укла́дываю в коро́бку бро́шенные вчера́ образцы́, рву и
выки́дываю черновики́ с расчётами. Распако́вываем с Лю́ськой
свёртки с гото́выми изде́лиями. Пишу́ к ним этике́тки. Сейча́с
ся́ду за сво́дный гра́фик, на́до сде́лать та́к, чтобы оста́лось
внести́ в него́ то́лько[1] но́вые испыта́ния.

Но где́ же о́н? Вчера́ я над ни́м не рабо́тала. Позавчера́
положи́ла его́ в свой я́щик — под дневни́к. Та́м его́ не́т.
Выта́скиваю всё из я́щика на сто́л: гра́фика не́т. Перебира́ю всё
по листку́ — не́т. Говорю́ себе́ «споко́йно!», перекла́дываю всё с
пра́вой стороны́ стола́ на ле́вую. Не́т! Мо́жет, затащи́ла его́
вчера́ с дневнико́м в механи́ческую? Бегу́ к Ва́ле. Не́т, она́ не
ви́дела. Неуже́ли пропа́ла рабо́та не́скольких дне́й?

На меня́ нахо́дит како́е-то отупе́ние — сижу́, уста́вившись в
сте́ну. Ничего́ не ви́жу, ни о чём не ду́маю. Пото́м замеча́ю
та́бель-календа́рь, смотрю́ на него́, и вдру́г до меня́ дохо́дит,
что пя́тница 13 декабря́ — э́то сего́дня. Ещё вчера́ у меня́ бы́ло
ощуще́ние «во́т начался́ дека́брь», а ту́т пожа́луйста — середи́на
ме́сяца и через две́ неде́ли сдава́ть отчёт. Успе́ю ли я за э́ти
четы́рнадцать дне́й... не́т, за двена́дцать, не́т, да́же за
оди́ннадцать, зако́нчить испыта́ния в механи́ческой и
электролаборато́рии, обобщи́ть результа́ты, соста́вить но́вый
сво́дный гра́фик, написа́ть отчёт...

Я сижу́, опусти́в ру́ки, вме́сто того́ чтобы иска́ть гра́фик, и
ду́маю, что не могу́ успе́ть...

Вдру́г мне на плечо́ ложи́тся рука́, и Лю́ся чёрная,
наклони́вшись ко мне, спра́шивает:

— Где ты, Бурати́нка? Потеря́лась? Или что потеря́ла?

Лю́ся? Ка́к хорошо́! Я чу́ть прикаса́юсь к её руке́ щеко́й. Всё
она́ понима́ет. Я действи́тельно потеря́лась в ту́че де́л и забо́т
— институ́тских, дома́шних.

— Я потеря́ла сво́дный гра́фик результа́тов все́х испыта́ний. —
Я пока́зываю рука́ми, како́й о́н большо́й. — Всё перетрясла́, не
понима́ю...

— А э́то не о́н? — спра́шивает Лю́ся, прикосну́вшись к бе́лому
листу́, кото́рый лежи́т посреди́не стола́.

---

[1] 'so that all that I'd have to do is to add...'

Я беру́ ли́ст, о́н раскрыва́ется и превраща́ется в мо́й гра́фик. Меня́ разбира́ет сме́х, я́ про́сто трясу́сь от сме́ха, закрыва́ю ро́т рука́ми, что́бы не́ было слы́шно, и смею́сь до слёз. Смею́сь и не могу́ переста́ть. Лю́ся хвата́ет меня́ за́ руку, та́щит в коридо́р, встря́хивает и говори́т:

— Переста́нь, сейча́с же переста́нь!

Я́ стою́, прижа́вшись спино́й к стене́, слёзы теку́т у меня́ по щека́м, и ти́хо поста́ниваю от сме́ха.

— О́ля, ты́ пси́х, — говори́т Лю́ся, — поздравля́ю, у тебя́ исте́рика!

— Сама́ ты́ пси́х, — отвеча́ю я́ ей ла́сково и вздыха́ю. — Исте́рика — э́то тепе́рь не мо́дно, — я́ вытира́ю мо́крое лицо́, — я́ про́сто смею́сь. У меня́ о́чень смешна́я жи́знь. Одно́ за други́м, не успева́ешь ни на чём задержа́ться.[1] Како́й-то кокте́йль из мы́слей и чу́вств. Не́т, я́ не пси́х... А у тебя́ во́н каки́е я́мы под глаза́ми. Ты́ что́, опя́ть не спи́шь? Во́т ты́ и е́сть настоя́щий пси́х.

— Я́-то давно́ пси́х. Но я́ ста́рше тебя́ на ше́сть ле́т, и у меня́ до́ма, ты́ зна́ешь, всегда́ не́рвы... А ты́ держи́сь: ты́ молода́я, ты́ здоро́вая, у тебя́ чуде́сный му́ж. — Она́ сти́скивает мои́ ру́ки свои́ми худы́ми па́льцами, мне бо́льно от её дли́нных ногте́й, но я́ терплю́. Она́ гляди́т о́стро пря́мо мне́ в зрачки́, ка́к бу́дто гипнотизи́рует. — Ты́ у́мница, ты́ спосо́бная, ты́ полна́ си́л... Ла́дно, — Лю́ся отпуска́ет мои́ ру́ки, — дава́й заку́рим. Ах да́, ты́ не... — Она́ сжима́ет зуба́ми сигаре́ту, щёлкает зажига́лкой и затя́гивается. — А зря́[2] — помога́ет. Впро́чем, не сто́ит свя́зываться.[3] Ну́ та́к: в переры́в мы́ с тобо́й идём в магази́ны, по доро́ге ты́ мне́ всё расска́жешь.

Мы́ идём по у́лице, я́ расска́зываю про тру́дности с механи́ческой и Ва́лей, про разгово́р с ше́фом, про Гу́лькин живо́т, про сро́к оконча́ния испыта́ний — ка́к я́ бою́сь не успе́ть.

Лю́ся слу́шает, кива́ет голово́й, то су́живает глаза́, то раскрыва́ет и́х широко́ и говори́т «да-да-да...» и́ли броса́ет певу́чее «да-а-а?». Мне́ от э́того уже́ стано́вится ле́гче. Не́сколько мину́т мы́ молчи́м.

---

[1] 'there's no time to do anything right (dwell on anything)'

[2] 'that's a mistake' (*i.e.*, not being a smoker)

[3] 'it's not worth getting involved' (*i.e.* getting addicted to smoking)

— Бурати́нка,[1] ты́ по́мнишь, тебя́ интересова́ло, кто́ приду́мал на́ш стеклопла́стик? Я́ обеща́ла сказа́ть тебе́.

— Да́, рассказа́ть «преглу́пую исто́рию».

— То́чно. Э́то да́же не исто́рия, а про́сто анекдо́т. Коро́тенький. Иде́я была́ моя́, я́ сама́ подари́ла её Я́кову. Не потому́, что я́ така́я бога́тая.[2] А потому́, что я́ была́ бере́менна. И уже́ совсе́м реши́ла роди́ть второ́го... Не поду́май, что Суре́н меня́ допёк. Сама́ реши́ла, Марку́ше та́к лу́чше. Рабо́тать пото́м я́ до́лго бы не смогла́, я́ зна́ла. Пу́сть, ду́маю, без меня́ де́лают. И подари́ла.

— Ну́ и...?

— Что́?

— А ребёнок? Что́ же случи́лось?

— Ничего́. Испуга́лась в после́днюю мину́ту. Сде́лала або́рт. Ка́к всегда́, вта́йне от Суре́на.

— Ка́к — «вта́йне»?

— Та́к, «е́ду в командиро́вку» на пя́ть-ше́сть дне́й...

Я́ нахожу́ Лю́сину ру́ку и не выпуска́ю её. Та́к мы́ шага́ем ря́дом. Шага́ем и молчи́м.

В магази́нах, где́ толчея́ и спе́шка сего́дня бо́льше обы́чного, мы́ нагружа́ем четы́ре су́мки и в три́ часа́ отправля́емся в обра́тный пу́ть. Я́ тащу́ дово́льно бо́дро, а Лю́ся про́сто перела́мывается под свое́й но́шей. Вдру́г навстре́чу Шу́рочка:

— А я́ реши́ла на подмо́гу.

Прошу́ её взя́ть су́мку у Лю́си, Лю́ся — у меня́. Наконе́ц ста́вим Шу́ру посреди́не и несём четы́ре су́мки втроём. Прихо́дится спусти́ться с тротуа́ра, ка́ждую мину́ту мы́ остана́вливаемся — пропусти́ть маши́ну.

— Де́вочки, прими́те на́с в до́лю![3] — крича́т на́м дво́е встре́чных парне́й.

— У на́с свои́ ма́льчики, — отвеча́ю я́. Мне́ ве́село оттого́, что де́нь со́лнечный, что мы́ перегороди́ли всем доро́гу, оттого́, что на́с тро́е... Оттого́, что я́ не одна́.

Прихо́дим, и ту́т же появля́ется Лю́ся бе́ленькая с подсчётами «больны́х дне́й».[4] Я́, коне́чно, на пе́рвом ме́сте, ка́к

---

[1] 'Pinocchio'

[2] 'generous' (*Lit.* 'rich')

[3] 'Let's share!'

[4] The usual term for a day of sick leave is больни́чный день.

я и ду́мала. По больни́чным и спра́вкам у меня́ пропу́щено
се́мьдесят во́семь дней, почти́ тре́ть рабо́чего вре́мени. И всё
из-за ребя́т. Все спи́сывают свои́ ци́фры, зна́чит, все ви́дят, что
у кого́.[1] Не пойму́, почему́ мне та́к нело́вко. Да́же сты́дно. Я
5 ка́к-то сжима́юсь, избега́ю смотре́ть на всех. Почему́ это та́к? Я
ведь ни в чём не винова́та.

— Вы́ запо́лнили анке́ты? — спра́шивает Лю́ська. — Да́йте
посмотре́ть.

Но мы́ та́кже не зна́ем, ка́к подсчита́ть вре́мя — на что́
10 ско́лько его́ идёт.[2] «Мама́шеньки» совеща́ются. Реша́ем, что
на́до обяза́тельно указа́ть вре́мя на доро́гу — все мы́ живём по
новостро́йкам, на доро́гу тра́тим в де́нь о́коло трёх часо́в.
«Заня́тия с детьми́» никому́ не удаётся вы́делить — мы́
«занима́емся» с ни́ми ме́жду други́ми дела́ми. Ка́к говори́т
15 Шу́ра: «Мы́ с Серёжкой ве́сь ве́чер на ку́хне, о́н за́ день
наскуча́ется, та́к и не отхо́дит от меня́».

— Так ка́к же писа́ть про дете́й? — недоумева́ет Лю́ся
бе́ленькая.

— Каку́ю же неде́лю подсчи́тывать — вообще́ и́ли конкре́тно
20 эту? — спра́шивает Шу́ра.

— Любу́ю, — отвеча́ет Лю́ся чёрная, — ра́зве не все они́
одина́ковы?

— А я́ не ка́ждую неде́лю хожу́ в кино́. — У Лю́ськи но́вые
затрудне́ния.

25 — Что́ го́лову лома́ть,[3] — говорю́ я, — я беру́ э́ту неде́лю.
Неде́ля как неде́ля.[4]

Глу́пый вопро́с — заключа́ем мы́. Ра́зве мо́жно подсчита́ть
вре́мя на дома́шние дела́, да́же если ходи́ть всю неде́лю с
секундоме́ром в рука́х. Лю́ся Маркоря́н предлага́ет указа́ть
30 о́бщее вре́мя, что остаётся от рабо́чего дня́ и доро́ги, а пото́м
перечи́слить, что на э́то вре́мя прихо́дится. Мы́ удивлены́ —
ока́зывается, для до́ма у на́с е́сть от сорока́ восьми́ до
пяти́десяти трёх часо́в в неде́лю. Почему́ же и́х не хвата́ет?
Почему́ сто́лько несде́ланного тя́нется за на́ми из неде́ли в
35 неде́лю? Кто́ зна́ет?

---

[1] 'who has what'

[2] 'how much [time] to allocate to what [activity]'

[3] 'why knock yourself out'

[4] 'It's a week like any other week.'

Кто действительно знает, сколько времени требует то, что называется «семейная жизнь»? И что это такое вообще?

Я беру анкету домой, Люся чёрная тоже. Надо ещё успеть до конца дня провернуть разные дела.

Путь к дому сегодня нелёгок. В руках две тяжеленные сумки — куплено всё, кроме овощей. В метро приходится стоять — одна сумка в руках, другая под ногами. Толкучка. Читать невозможно. Стою и считаю, сколько истратила. Всё мне кажется, что я потеряла деньги. Были у меня две десятки, а сейчас одно серебро.[1] Не хватает трёшника. Пересчитываю опять, вспоминаю покупки, что лежат в сумках. Второй раз уже выходит, что я потеряла четыре рубля. Бросаю это, начинаю разглядывать тех, кто сидит. Многие читают. У молодых женщин в руках книжки, журналы, у солидных мужчин — газеты. А вон сидит толстяк в шапке пирожком,[2] смотрит «Крокодил»,[3] лицо мрачное. Молодые парни отводят взгляд в сторону, сонно прикрывают глаза, лишь бы не уступить место.

Наконец «Сокол». Все выскакивают и бросаются к узким лестницам. А я не могу — пакеты с молоком, яйца. Плетусь в хвосте. Когда подхожу к автобусу, очередь машин на шесть.[4] Попробовать сесть в наполнившуюся? А сумки? Всё ж я пытаюсь влезть в третий автобус. Но сумки в обеих руках не дают мне ухватиться, нога срывается с высокой ступеньки, я больно ударяюсь коленкой, в этот момент автобус трогается. Все кричат, я визжу. Автобус останавливается, какой-то дядька, стоящий у дверей, подхватывает меня и втягивает, я валюсь на свои сумки. Колено болит, в сумке наверняка яичница. Зато мне уступают место. Сидя я могу взглянуть на коленку, на дырявый чулок в крови и грязи, открыть сумки и убедиться, что раздавлено лишь несколько яиц и смят один пакет молока. Ужасно жалко чулки — четырёхрублёвая пара!

Как только я открываю дверь, все выбегают в переднюю — ждут! Дима берёт из моих рук сумки и говорит:

— Сумасшедшая!

Я спрашиваю:

---

[1] 'only change (coins)', *Lit.* 'silver'

[2] a hat in a shape of a пирожок 'knish'

[3] a humor magazine

[4] 'there were enough people in line to fill about 6 buses'

— Ка́к Гу́лькин животи́шка?

— Ничего́, всё в поря́дке.

Ко́тька пры́гает на меня́ и чу́ть не сбива́ет с но́г, Гу́лька тре́бует неме́дленно «ляписи́н»,[1] кото́рый она́ уже́ заприме́тила.
Я пока́зываю свою́ коле́нку и, прихра́мывая, иду́ в ва́нную. Ди́ма та́щит йо́д и ва́ту, всё меня́ жале́ют — мне́ о́чень хорошо́!

Я люблю́ ве́чер пя́тницы: мо́жно посиде́ть подо́льше за столо́м, повози́ться с ребя́тами, уложи́ть и́х на полчаса́ по́зже.
Мо́жно не стира́ть, мо́жно се́сть в ва́нну...

Но́ сего́дня по́сле бессо́нной но́чи ужа́сно хо́чется спа́ть, и мы́, уложи́в ребя́т, броса́ем всё в ку́хне ка́к е́сть.

Я уже́ легла́, Ди́ма ещё в ва́нной. Уже́ со́н тяжели́т моё те́ло, но́ вдру́г мне́ представля́ется, что Ди́ма по привы́чке заведёт буди́льник. Сую́ его́ под дива́н со слова́ми «сиди́ и молчи́». Но́ его́ ти́канье пробива́ет то́лщу дива́на. Тогда́ я́ выношу́ его́ на ку́хню и запира́ю в шка́фчик с посу́дой.

---

[1] the child's pronunciation of апельси́н 'orange'

Суббота

В суббо́ту мы́ спи́м до́лго. Мы́, взро́слые, проспа́ли бы ещё до́льше, но ребя́та встаю́т в нача́ле девя́того.[1] У́тро суббо́ты — са́мое весёлое у́тро: впереди́ два дня́ о́тдыха. Бу́дит на́с Ко́тька, прибега́ет к на́м — научи́лся опуска́ть се́тку[2] в свое́й крова́ти. Гу́лька уже́ пры́гает в свое́й крова́тке и тре́бует, что́бы мы́ её взя́ли. Пока́ ребя́та во́зятся с отцо́м, кувырка́ются и пища́т, я приготовля́ю грома́дный за́втрак. Пото́м отправля́ю дете́й с Ди́мой гуля́ть, а сама́ принима́юсь за дела́. Пре́жде всего́ ста́влю вари́ть су́п. Ди́ма уверя́ет, что в столо́вой су́п всегда́ невку́сный, де́ти ничего́ не говоря́т, но су́п мо́й всегда́ едя́т с доба́вкой.

Пока́ су́п ва́рится, я убира́ю кварти́ру — вытира́ю пы́ль, мо́ю полы́, трясу́ одея́ла на балко́не (что, коне́чно, нехорошо́, но та́к быстре́е), разбира́ю бельё, нама́чиваю своё и ди́мино в «Ло́тосе», собира́ю для пра́чечной, а де́тское оставля́ю на за́втра. Проверты́ваю мя́со для котле́т, мо́ю и ста́влю на га́з компо́т, чи́щу карто́шку. Часа́ в три́ обе́даем. Для ребя́т э́то поздна́то, но на́до же и́м хоть в выходно́й погуля́ть ка́к сле́дует. За столо́м сиди́м до́лго, еди́м не спеша́. Де́тям на́до бы поспа́ть по́сле обе́да, но они́ уже́ перетерпе́ли.[3]

Ко́тька про́сит Ди́му почита́ть «Айболи́та»,[4] кото́рого о́н давно́ уже́ зна́ет наизу́сть, они́ устра́иваются на дива́не, но Гу́ля ле́зет к ни́м, капри́зничает и рвёт кни́жку. На́до Гу́льку всё-таки уложи́ть, ина́че жи́зни никому́ не бу́дет. Я её баю́каю (что́ не полага́ется),[5] и она́ засыпа́ет.

Тепе́рь мне́ на́до заня́ться ку́хней — вы́мыть плиту́ и почи́стить горе́лки, убра́ть шка́фчики с посу́дой, протере́ть по́л. Пото́м вы́мыть го́лову, постира́ть намо́ченное, погла́дить

---

[1] 'a little after eight'

[2] '(safety) net, sides'

[3] 'lasted it out, held out' (*i.e.* now they're not sleepy anymore)

[4] a children's book, «До́ктор Айболи́т»

[5] 'which you're not supposed to do'

де́тское, сня́тое с балко́на, вы́мыться, почини́ть колго́тки и обяза́тельно приши́ть крючо́к к по́ясу.

Ди́ме на́до сходи́ть в пра́чечную, Ко́тька не отпуска́ет его́, прихо́дится бра́ть ма́льчика с собо́й (что нехорошо́ — о́чередь, духота́, гря́зное бельё, — но они́ беру́т са́нки, на обра́тном пути́ ещё погуля́ют, проды́шатся).

Зато́ я остаю́сь одна́ и могу́ разверну́ться с убо́ркой ку́хни и про́чими дела́ми. В се́мь «мужчи́ны» возвраща́ются и тре́буют ча́я. Ту́т я спохва́тываюсь, что Гу́лька всё ещё спи́т (я про неё забы́ла). Бужу́ её, она́ поднима́ет отча́янный рёв. Передаю́ её Ди́ме, чтобы де́лать у́жин. Хочу́ упра́виться пора́ньше, сего́дня на́до купа́ть дете́й. Гу́лька за столо́м каню́чит — не хо́чет е́сть, она́ ещё не проголода́лась. Ко́тя е́ст хорошо́ — нагуля́лся.

— За́втра це́лый де́нь до́ма, — говори́т о́н и смо́трит на отца́ и на меня́.

— Коне́чно, за́втра же воскресе́нье, — успока́иваю его́ я.

Ко́тька уже́ трёт глаза́, хо́чет спа́ть.

Налива́ю во́ду и мо́ю Ко́тьку пе́рвого, а Гу́лька ревёт, ле́зет в ва́нную и раскрыва́ет две́рь.

— Ди́ма, возьми́ до́чку! — кричу́ я.

И слы́шу в отве́т:

— Мо́жет, на сего́дня уже́ хва́тит? Я хочу́ почита́ть.

— А я не хочу́?!

— Ну́, э́то твоё де́ло, а мне на́до.

Мне́, коне́чно, не на́до.

Я тащу́ Ко́тьку в крова́ть сама́ (обы́чно э́то де́лает Ди́ма) и ви́жу, ка́к о́н сиди́т на дива́не, раскры́в какой-то техни́ческий журна́л, и действи́тельно чита́ет. Проходя́, я броса́ю:

— Ме́жду про́чим, я то́же с вы́сшим образова́нием и тако́й же специали́ст, ка́к и ты...

— С че́м тебя́ мо́жно поздра́вить,[1] — отвеча́ет Ди́ма.

Мне́ э́то ка́жется ужа́сно ядови́тым, оби́дным.

Я тру́ Гу́льку гу́бкой и вдру́г начина́ю ка́пать в ва́нну слеза́ми. Гу́лька взгля́дывает на меня́, кричи́т и пыта́ется вы́лезти. Я не могу́ её усади́ть и даю́ ей шлепо́к. Гу́лька зака́тывается оби́женным пла́чем. Появля́ется Ди́ма и говори́т зло:

— Не́чего вымеща́ть на ребёнке.

---

[1] 'for which you are to be congratulated'

— Как тебе не стыдно, — кричу я, — я устала, понимаешь ты, устала!...

Мне становится ужасно жаль себя. Теперь уже я реву вовсю, приговаривая, что я делаю-делаю, а несделанного всё прибавляется, что молодость проходит, что за день я не сидела ни минуты...

Вдруг из детской доносится страшный крик:

— Папа, не бей маму, не бей маму!

Дима хватает Гульку, уже завёрнутую в простынку, и мы бежим в детскую. Котька стоит в кроватке весь в слезах и твердит:

— Не бей маму!

Я беру его на руки и начинаю утешать:

— Что ты такое придумал, маленький, папа никогда меня не бил, папа у нас добрый, папа хороший...

Дима говорит, что Коте приснился страшный сон. Он гладит и целует сына. Мы стоим с ребятами на руках, тесно прижавшись друг к другу.

— А почему она плачет? — спрашивает Котя, проводя ладошкой по моему мокрому лицу.

— Мама устала, — отвечает Дима, — у неё болят ручки, болят ножки, болит спинка.

Слышать это я не могу. Я сую Котьку Диме на вторую руку, бегу в ванную, хватаю полотенце и, закрыв им лицо, плачу так, что меня трясёт. Теперь уж не знаю о чём — обо всём сразу.

Ко мне подходит Дима, он обнимает меня, похлопывает по спине, гладит и бормочет:

— Ну, хватит... ну, успокойся... ну, прости меня... ну, перестань...

Я затихаю и только изредка всхлипываю. Мне уже стыдно, что я так распустилась. Что, собственно, произошло? Сама не могу понять.

Дима не даёт мне больше ничего делать, он укладывает меня, как ребёнка, приносит мне чашку горячего чая. Я пью, он закутывает меня, и я засыпаю под звуки, доносящиеся из кухни, — плеск воды в раковине, стук посуды, шарканье шагов.

Я просыпаюсь и не сразу могу понять, что сейчас — утро, вечер, и какой день? На столе горит лампа, прикрытая поверх абажура газетой. Дима читает. Мне видна только половина его лица: светлые волосы — они уже начинают редеть, — припухлое веко и худая щека — или это тени от лампы? Он выглядит усталым. Бесшумно переворачивает он страницу, и я вижу его руку с редкими рыжеватыми волосками и обкусанным ногтем на указательном пальце. «Бедный Димка, ему тоже порядком достаётся, — думаю я, — а тут ещё я разревелась, как дура... Мне тебя жалко. Я тебя люблю...»

Он выпрямляется, смотрит на меня и спрашивает, улыбаясь:

— Ну как ты, Олька, жива?

Я молча вытаскиваю руку из-под одеяла и протягиваю к нему.

Воскресенье

Мы́ лежи́м, про́сто лежи́м, — моя́ голова́ упира́ется в его́ подборо́док, его́ рука́ обнима́ет меня́ за пле́чи. Мы́ лежи́м и разгова́риваем о вся́кой вся́чине: о Но́вом го́де и ёлке, о то́м, что сего́дня на́до съе́здить за овоща́ми, что Ко́тьке не хо́чется ходи́ть в са́дик...

— Ди́м, ка́к ты́ ду́маешь, любо́вь ме́жду му́жем и жено́й мо́жет бы́ть ве́чной?

— Мы́ ведь не ве́чны...

— Ну́, само́ собо́й,[1] мо́жет бы́ть до́лгой?

— А ты́ уже́ начина́ешь сомнева́ться?

— Не́т, ты мне́ скажи́, что́, по-тво́ему, тако́е, э́та любо́вь?

— Ну́, когда́ хорошо́ дру́г с дру́гом, ка́к на́м с тобо́й.

— И когда́ рожда́ются де́ти...

— Да́, коне́чно, рожда́ются де́ти.

— И когда́ на́до, чтобы они́ бо́льше не рожда́лись.

— Ну́ что ж. Такова́ жи́знь. Любо́вь — ча́сть жи́зни. Дава́й-ка встава́ть.

— И когда́ поговори́ть не́когда.

— Ну́, говори́ть — э́то не са́мое гла́вное.

— Да́, наве́рное, далёкие на́ши пре́дки в э́том не нужда́лись.

— Что́ ж, дава́й поговори́м... О чём ты́ хоте́ла?

Я́ молчу́. Я́ не зна́ю, о чём я́ хоте́ла. Про́сто хоте́ла говори́ть. Не об овоща́х. О друго́м. О чём-то о́чень ва́жном и ну́жном, но́ я́ не могу́ сра́зу нача́ть... Мо́жет бы́ть, о душе́?

— У на́с в коро́бке после́дняя пятёрка, — говорю́ я́.

Ди́ма смеётся: во́т та́к разгово́р.[2]

— Что́ ты́ смеёшься? Во́т та́к всегда́ — говори́м то́лько о деньга́х, о проду́ктах, ну́, о де́тях, коне́чно.

— Не выду́мывай, мы́ говори́м о мно́гом друго́м.

— Не зна́ю, не по́мню...

— Ла́дно, дава́й лу́чше встава́ть.

— Не́т, о чём «о друго́м»? Наприме́р?

---

[1] ellipsis for само́ собо́й разуме́ется 'it goes without saying'
[2] 'we're having a real conversation!' (ironic)

Мне́ ка́жется, что Ди́ма не отвеча́ет о́чень до́лго. «Ага́, не зна́ешь», — ду́маю я злора́дно. Но Ди́ма вспомина́ет:

— Ра́зве мы не говори́ли о прокуро́ре Га́ррисоне?[1] О ко́смосе — мно́го ра́з?... О фигури́стах — обсужда́ли, спорт э́то или иску́сство... О войне́ во Вьетна́ме, о Чехослова́кии... Ещё говори́ли о но́вом телеви́зоре и четвёртой програ́мме, — продолжа́ет добросо́вестно вспомина́ть Ди́ма те́мы на́ших разгово́ров. — Кста́ти, когда́ ж мы ку́пим но́вый телеви́зор?

— Так вот я и говорю́: в коро́бке у нас одна́ пятёрка...

— Есть же фонд...

Мы на́чали откла́дывать «фонд приобрете́ний». Он храни́тся в мое́й ста́рой су́мке, а в коро́бке лежа́т де́ньги на теку́щие расхо́ды.

Нам мно́го чего́ на́до — Ди́ме плащ, мне ту́фли, обяза́тельно пла́тье, ребя́там ле́тние ве́щи. А телеви́зор у нас есть — ста́рый «КВН-49», бро́шенный тётей Со́ней.

— До телеви́зора ещё далеко́, фонд растёт у нас пло́хо, — говорю́ я.

— Мы же реши́ли не проеда́ть все де́ньги, что же ты? — укоря́ет меня́ Ди́ма.

— Не зна́ю, вро́де бы всё, как обы́чно, а вот — не хвата́ет.

Ди́ма говори́т, что так у нас никогда́ ничего́ не бу́дет. А я отвеча́ю ему́, что я тра́чу то́лько на еду́.

— Зна́чит, тра́тишь мно́го.

— Зна́чит, ешь мно́го.

— Я мно́го ем?! — Ди́ма оби́жен. — Ещё но́вости,[2] дава́й начнём счита́ть, кто ско́лько ест!

Мы уже́ не лежи́м, а сиди́м друг про́тив дру́га.

— Прости́, я говорю́: мы, мы мно́го еди́м.

— Что ж я могу́ с э́тим поде́лать?

— А я что?

— Всё-таки ты хозя́йка.

— Скажи́, чего́ не покупа́ть, я не бу́ду. Дава́й молоко́ не бу́дем брать.

— Дава́й лу́чше прекрати́м э́тот глу́пый разгово́р. Если ты не спосо́бна сообража́ть в э́том де́ле, так и скажи́.

---

[1] Garrison was one of the many people who investigated President Kennedy's death.

[2] 'that's news to me!'

— Да, да, да, я не способна соображать. Я глупа, и всё, что я говорю, глупо... — Я вскакиваю и ухожу в ванную.

Там я открываю кран и умываю лицо холодной водой. «Перестань, сейчас же прекрати», — говорю я себе. Сейчас я влезу под душ, сейчас приведу себя в норму.[1] Отчего я злюсь? Не знаю.

Может, оттого, что я вечно боюсь забеременеть. Может, от таблеток, которые я глотаю. Кто знает?

А может, она вообще не нужна мне больше, эта любовь?

От этой мысли мне становится грустно, жаль Диму. Жалость и тёплая вода делают своё дело — из-под душа я выхожу подобревшая и освежённая.

Ребята визжат и хохочут — расшалились с отцом. Достаю им всё чистое, мы их одеваем.

— Вот какие у нас красивые дети, — говорю я и зову их на кухню накрывать вместе на стол, «пока папа умывается».

Во время завтрака мы составляем план. Что сегодня надо сделать: съездить в овощной, постирать детское, всё перегладить...

— Бросай всё, пойдём гулять! — заключает Дима. — Смотрите, какое солнышко!

— Мама, мамочка, пойдём вместе с нами, — упрашивает Котька, — посмотрим на солнышко!

Я сдаюсь — отодвину свои дела на после обеда.

Снаряжаемся, берём санки и отправляемся на канал кататься с гор. Съезжаем все по очереди, а Гулька то с Димой, то со мной. Горка крутая. Иногда санки переворачиваются, ребята пищат, мы все смеёмся. Хорошо!

Возвращаемся домой заснеженные, голодные, весёлые. Пусть уж Дима сначала поест, потом поедет. Варю макароны, подогреваю суп и котлеты. Ребята сразу же уселись за стол и смотрят на огонь под кастрюлями.

После прогулки я очень повеселела. Уложив детей и отправив Диму в овощной рейс,[2] я берусь сразу за всё — бросаю в таз детское бельё, мою посуду, стелю на стол одеяло

---

[1] 'pull myself together'

[2] a humorous reference to shopping, *lit.* 'vegetable voyage'

и достаю утюг. И вдруг решаю — подкорочу́-ка[1] я́ э́ту свою́ ю́бку. Что́ я хожу́, ка́к стару́ха, с наполови́ну закры́тыми коле́нками! Я бы́стро отпа́рываю подо́л, прики́дываю, ско́лько загну́ть, остально́е отреза́ю. За э́тим де́лом и застаёт[2] меня́ Ди́ма, притащи́вший по́лный рюкза́к.

— Ви́дишь, О́лька, ка́к тебе́ поле́зно гуля́ть.

Коне́чно, поле́зно. Я примеря́ю ю́бку. Ди́ма хмы́кает, огляде́в меня́, и смеётся:

— За́втра бу́дет ми́нус два́дцать, бу́дешь обра́тно пришива́ть. А в о́бщем, но́жки у тебя́ сла́вные.

Я включа́ю утю́г — загла́дить подо́л. Пото́м подошью́, и гото́во!

— Погла́дь мне́ заодно́ брю́ки, — про́сит Ди́ма.

— Ди́м, ну́ пожа́луйста, погла́дь са́м, я хочу́ ко́нчить ю́бку.

— Ты́ же всё равно́ гла́дишь.

— Ди́м, совсе́м э́то не «всё равно́», я тебя́ прошу́, да́й мне́ ко́нчить. Мне́ ещё ребя́чье стира́ть, вчера́шнее гла́дить.

— Так заче́м же ты́ занима́ешься ерундо́й?

— Ди́м, дава́й не бу́дем обсужда́ть э́то, прошу́ тебя́, погла́дь сего́дня свои́ брю́ки са́м, мне́ на́до доши́ть.

— А куда́ ты́ за́втра собира́ешься? — спра́шивает о́н с подозре́нием.

— Ну́, куда́?! На ба́л!

— Поня́тно. Про́сто я́ поду́мал, что у ва́с та́м что́-нибудь тако́е.[3]

— Мо́жет бы́ть, и «тако́е», — напуска́ю я тума́ну[4] (на́до же мне́ споко́йно подши́ть ю́бку и ка́к-то отде́латься от брю́к). — Ты́ по́мнишь, я тебе́ говори́ла про анке́ту. Сего́дня я должна́ её запо́лнить: за́втра приду́т демо́графы — анке́ты собира́ть, с на́ми бесе́довать. . .

— А! (О́ го́споди, о́н, ка́жется, ду́мает, что ра́ди э́той встре́чи я реши́ла укороти́ть ю́бку!)

Я шью́ и расска́зываю Ди́ме, что подсчита́ли на́ши дни́ «по боле́зни», что у меня́ се́мьдесят во́семь дне́й — почти́ це́лый кварта́л.

---

[1] 'how about I shorten...'

[2] 'finds me at this job'

[3] 'something like that, something special'

[4] 'fog the issue, make things mysterious'

— А что́, О́лька, мо́жет, тебе́ лу́чше не рабо́тать? Поду́май, ведь почти́ полови́ну го́да ты сиди́шь до́ма.

— А ты́ хо́чешь засади́ть меня́ на ве́сь го́д? И ра́зве мы́ мо́жем прожи́ть на твою́ зарпла́ту?

— Е́сли меня́ освободи́ть от все́х э́тих де́л, — Ди́ма повёл глаза́ми по ку́хне, утюгу́, рюкзаку́, — я́ мо́г бы зараба́тывать побо́льше. Уж две́сти — две́сти два́дцать я́ бы наверняка́ обеспе́чил. Ведь факти́чески, е́сли вы́честь все́ неопла́чиваемые дни́, ты́ зараба́тываешь рубле́й шестьдеся́т в ме́сяц. Нерента́бельно!

— Фи́гушки,[1] — говорю́ я́, — фи́гушки! Мы́ на э́то несогла́сные![2] Зна́чит, всю́ э́ту скукоти́щу, — я́ то́же огляну́ла ку́хню, — на меня́ одну́, а себе́ то́лько интере́сное. Поду́маешь, «нерента́бельно»... Капитали́ст!

— Действи́тельно, капитали́ст, — Ди́ма усмеха́ется, — не в деньга́х то́лько де́ло. Де́ти бы от э́того вы́играли. Де́тский са́д — ещё ничего́, а во́т я́сли... Гу́лька же зимо́й почти́ не гуля́ет. А э́та бесконе́чная просту́да?!

— Ди́ма, неуже́ли ты́ ду́маешь, что я́ не хоте́ла бы сде́лать та́к, ка́к лу́чше де́тям? О́чень хоте́ла бы! Но то́, что предлага́ешь ты́, э́то зна́чит... меня́ уничто́жить. А моя́ учёба пя́ть ле́т? Мо́й дипло́м? Мо́й ста́ж? Моя́ те́ма? Ка́к тебе́ легко́ всё э́то вы́бросить. И кака́я я́ бу́ду, си́дя до́ма? Зла́я, ка́к чёрт: бу́ду на ва́с ворча́ть всё вре́мя. Да вообще́ о чём мы́ говори́м? На твою́ зарпла́ту мы́ не проживём, ничего́ друго́го, реа́льного, тебе́ пока́ не предлага́ют...

— Не обижа́йся, О́ля, ты́, вероя́тно, права́. Не сто́ит об э́том говори́ть. Зря́ я́ на́чал. Про́сто мне́ примере́щилась кака́я-то така́я... разу́мно устро́енная жи́знь. И то́, что я́, е́сли не бу́ду спеши́ть за ребя́тами, смогу́ рабо́тать ина́че, не ограни́чивать себя́... Мо́жет бы́ть, э́то эгои́зм, не зна́ю. Ко́нчим об э́том, ла́дно.

Он ухо́дит из ку́хни, я́ гляжу́ ему́ всле́д, и вдру́г мне́ хо́чется окли́кнуть его́ и сказа́ть: «Прости́ меня́, Ди́ма». Но́ я́ э́того не де́лаю.

— Э́-э, ха́ли-га́ли, пора́ встава́ть! — кричи́т Ди́ма из пере́дней.

---

[1] 'Bull!' *(a mild obscenity)*

[2] a literary allusion to the ungrammatical way peasants reacted to agitators' propaganda (you'd expect the short form согла́сна in normal speech)

Э́то на́ши «позывны́е».[1] Он поднима́ет Ко́тю и Гу́лю, ребя́та пьют молоко́, две мину́ты мы реша́ем, идти́ ли ещё гуля́ть, и — отка́зываемся. Е́сли гуля́ть, зна́чит, от ве́чера ничего́ не оста́нется. Ко́тька уса́живается на полу́ с ку́биками. Он лю́бит

[5] стро́ить, и у него́ получа́ются мосты́, у́лицы и ещё каки́е-то нагроможде́ния, кото́рые он называ́ет «высо́тный дворе́ц». Но беда́ с Гу́лькой — она́ ле́зет к бра́ту, хо́чет разруша́ть, хвата́ет ку́бики, уно́сит и пря́чет.

— Ма́ма, скажи́ ей! Па́па, скажи́ ей! — то и де́ло взыва́ет к

[10] нам Ко́тя.

Никаки́е слова́ на Гу́льку не де́йствуют — она́ смо́трит я́сно и пря́мо говори́т:

— Гу́ля хо́тит би́ть до́м.[2]

Тогда́ я де́лаю ей «до́чку». «До́чка» — э́то наби́тый тряпьём

[15] ма́ленький комбинезо́н. В капюшо́н я вкла́дываю поду́шечку, рису́ю лицо́. С ку́клами Гу́ля не ла́дит, а «до́чку» таска́ет по всему́ до́му, разгова́ривает с ней.

Воскре́сный ве́чер прохо́дит ми́рно и ти́хо. Де́ти игра́ют, Ди́ма чита́ет, я стира́ю и де́лаю у́жин. «Не забы́ть бы приши́ть

[20] крючо́к к по́ясу», — повторя́ю я не́сколько ра́з. Остально́е, ка́жется, всё! Да́, ещё запо́лнить анке́ту. Ну́, э́то когда́ де́ти ля́гут.

Поу́жинав, покапри́зничав — не хотя́т конча́ть свои́ воскре́сные дела́, — ребя́та собира́ют разбро́санные ку́бики.

[25] Нахо́дим те́, что попря́тала Гу́ля, — под ва́нной, в пере́дней в мои́х сапога́х. Мо́ем ру́ки, морда́шки, чи́стим зу́бы, осужда́ем Гу́льку, кото́рая вырыва́ется и кричи́т:

— Гу́ля хо́тит гя́зная.[3]

И, наконе́ц, укла́дываемся.

[30] Вре́мя ещё е́сть. Почита́ть? А мо́жет, посмотре́ть телеви́зор? А́х, да́ — анке́та! Сажу́сь с ней за сто́л. Ди́ма загля́дывает через моё плечо́ и де́лает крити́ческие замеча́ния. Я прошу́ его́ не меша́ть, я хочу́ поскоре́й ко́нчить. Гото́во. Тепе́рь возьму́ кни́гу и ся́ду с нога́ми на дива́н. Выбира́ю у кни́жного шка́фа. Мо́жет,

[35] приня́ться наконе́ц за «Са́гу о Форса́йтах»? Ди́ма подари́л мне

---

[1] 'That's our reveille call' (*Lit.* 'station identification'. That's the way they wake the kids up. The nonsense words ха́ли-га́ли are from a popular song.)

[2] 'Gulya wants to knock the house down.' (хо́тит is this child's version of хо́чет)

[3] 'Gulya wants to be dirty.' (гя́зная is her version of гря́зная)

эти два тома в позапро́шлый де́нь рожде́нья. Не́т, не смогу́ я́ её прочесть — ка́к я́ бу́ду вози́ть с собо́й таку́ю то́лстую кни́гу? Отло́жим ещё ра́з до о́тпуска. Я́ выбира́ю что́ полегче — расска́зы Серге́я Анто́нова.

Ти́хий воскре́сный ве́чер. Сиди́м и чита́ем. Мину́т через два́дцать Ди́ма спра́шивает:

— А что́ же мои́ брю́ки?

Схо́димся на то́м, что брю́ки гла́жу я́, а о́н чита́ет мне́ вслу́х. Анто́нова Ди́ма не хо́чет, а берёт после́дний но́мер «Нау́ки». Мы́ его́ ещё не смотре́ли. О́н начина́ет чита́ть статью́ Ве́нтцеля «Иссле́дованье опера́ций», но мне́ тру́дно восприни́ма́ть на слу́х фо́рмулы. Тогда́ Ди́ма ухо́дит из ку́хни, и я́ остаю́сь одна́ с его́ брю́ками.

Я́ уже́ лежу́ в посте́ли, Ди́ма заво́дит буди́льник и выключа́ет све́т. Ту́т я́ вспомина́ю про крючо́к. Ни за что́[1] не вста́ну, провали́сь о́н.

Среди́ но́чи я́ просыпа́юсь, не зна́ю отчего́. Мне́ ка́к-то трево́жно. Поднима́юсь тихо́нько, чтобы не разбуди́ть Ди́му, иду́ взгляну́ть на дете́й. Ко́тя сби́л одея́ло, Гу́лька съе́хала с поду́шки, вы́сунула но́жку из крова́ти. Укла́дываю и́х, закрыва́ю, тро́гаю и погла́живаю голо́вки — не горя́чие ли. Ребя́та вздыха́ют, причмо́кивают и опя́ть поса́пывают — споко́йно, ую́тно.

Что́ же трево́жит меня́?

Не зна́ю. Я́ лежу́ на спине́ с откры́тыми глаза́ми. Лежу́ и вслу́шиваюсь в тишину́. Вздыха́ют тру́бы отопле́ния. У ве́рхних сосе́дей ти́кают стенны́е часы́. Ме́рно отсту́кивает вре́мя ма́ятник наверху́, и э́то же вре́мя сы́плет дро́бью, захлёбываясь, буди́льник.

Во́т и ко́нчилась ещё одна́ неде́ля, предпосле́дняя неде́ля э́того го́да.

---

[1] 'not for anything'

GLOSSARY

A

абажу́р lampshade
або́рт abortion
абстраги́роваться to disengage oneself
аво́сь perhaps
авто́бус bus
авто́бусный bus
авторите́т authority
ага́ aha
агресси́вно aggressively
администра́ция administration
а́дрес address
а́дский infernal, hellish
акаде́мия academy
аккомпанеме́нт accompaniment
аккурати́ст perfectionist
аккура́тно thoroughly; neatly
актри́са actress
Алу́пка Alupka (name of a city)
америка́нский American
ана́лиз analysis, test
аналити́ческий analytic
англи́йский English
англича́нин Englishman
анекдо́т joke, funny story
анке́та questionnaire
антреко́т entrecôte, thin beef cutlet
афи́ша sign, poster
а́хать say 'Ah'
аэродро́м airport

Б

ба́бий woman's, womanish
ба́бушка-де́душка grandmother and grandfather
ба́бушка grandmother
база́р market place; uproar, disorder
баклажа́нный eggplant •баклажа́нная икра́ eggplant purée
ба́л ball, dance
балко́н balcony
балова́ться play pranks, be naughty
ба́нка jar, can

бара́шек lamb
барка́с launch, long boat
ба́с bass
ба́ю-ба́ю-ба́иньки (lullaby words)
баю́кать sing lullabies, rock to sleep
бе́г run; flight; jogging
бе́гать run
бе́гло fluently; quickly
бего́м at a run, running
бегу́нья runner (woman)
беда́ misfortune; the trouble is
бедла́м bedlam, disorder
бе́дный poor
бежа́ть run
без without
безде́тник childless person
безде́тный childless
безлю́дно uninhabited, empty (of people)
безу́мный crazy
бе́й Imper. of би́ть
бе́ленький dimin. of бе́лый
белору́сский Belorussian
бе́лый white
бельё laundry, things to be washed
бе́рег bank, shore
бере́менная pregnant
бере́менность pregnancy
бесе́да conversation, talk
бесе́довать converse, talk
бесконе́чный endless, interminable
бесперспекти́вный hopeless, having no prospects
беспоко́ить disturb, bother, worry
беспоко́иться worry; be anxious, upset
беспо́лезный useless
беспреры́вно continually, incessantly
бессо́нный sleepless
беста́ктность tactlessness
бесшу́мно noiselessly
библиоте́ка library
биле́т ticket
биогра́фия biography; vita
би́ть beat; hit
благодари́ть thank
благополу́чный successful; safe

бле́дный pale
ближа́йший very near, closest
бли́же closer
блокно́т notebook, writing pad
бо́г God •не да́й бо́г God forbid!
бога́тый rich
бо́дро cheerfully; with ease
бо́дрый brisk
бока́л glass, goblet
бо́лее more
боле́знь illness
боле́ть¹₂ be sick, be ailing
боле́ть² hurt
болтовня́ chit-chat
болту́шка gossip, tattler
больни́чный sick leave
бо́льно it hurts; painfully; badly, very much
больно́й ill, sick; patient •больно́е ме́сто weak spot
бо́льше more •бо́льше не no more, not any more, no longer
большо́й big, large
бормота́ть mutter
боро́ться struggle, fight
бо́ртик side
боти́нки shoes, boots
боя́ться fear, be afraid
бракосочета́ние matrimony
брани́ть scold
бра́т brother
бра́ть take
брезгли́во squeamishly
бри́ться shave; get shaved
бро́вка dimin. of бро́вь
бро́вь eyebrow
броди́ть wander; stroll; play (said of a flame)
броса́ть throw; quit; abandon
броса́ться rush
бро́сить throw; quit; abandon
бро́ситься rush
бры́зги (Plur.) spray
брыка́ться kick; rebel
брю́ки pants
буди́льник alarm clock
буди́ть wake up
бу́дто as if •как бу́дто as if
бу́лка white bread; small loaf of white bread, roll
бульва́р avenue, boulevard
бума́га paper
бума́жка paper, slip
бума́жный paper, made of paper

бу́ркнуть mutter, growl
бурли́ть seethe, boil up
буты́лка bottle
буфе́т snack bar
бушева́ть rage, storm, boil up
бы́вший former
бы́стрый rapid, fast, quick
бы́ть be; happen •должно́ быть probably •ста́ло быть consequently, therefore, accordingly
бью́т non-past of би́ть
бюро́ bureau

В

ва́жный important
вака́нтный vacant
ва́ленки felt boots
вали́ться fall down, collapse
валя́ться lie about; be scattered about
ва́нна bathtub
ва́нная bathroom
ва́режка mitten
вари́ть boil, cook
вари́ться boil, cook
ва́та wadding
вахтёр guard
вбежа́ть run in
вве́рх up, upward
вдвоём two together
вдру́г suddenly; what if, suppose
веду́т non-past of вести́
ве́дь because, as you know
ве́жливый polite
везу́чий lucky person
ве́ко eyelid
верну́ться return, come back
вероя́тно probably
верте́ть turn, turn over
верте́ться turn, turn around
ве́рхний upper; upstairs
верху́шка top
ве́село cheerful, fun
весёлый cheerful; fun
вести́ take, lead •вести́ хозя́йство keep house, do the housekeeping •вести́ себя́ behave
вестибю́ль hall, lobby
вести́сь be conducted
весы́ scales
ве́сь all; entire •всего́ in all, only
ве́твь branch

ве́тка branch, twig
ветря́нка chicken pox
ве́чер evening; party
вече́рний evening •вече́рнее
  отделе́ние night classes, night
  school
ве́чный eternal; constant,
  never-ending
ве́шалка coat rack, stand
ве́щь thing
взбива́ть fluff up, toss
взбира́ться climb, clamber up
взгля́д glance; look •отвести́ взгля́д
  look away
взгля́дывать look; cast a glance
взгляну́ть look; cast a glance
вздёрнуть jerk up
вздыха́ть sigh
взлета́ть fly up
взма́хивать wave, flap
взойти́ rise
взо́р look
взорва́ться blow one's top
взреве́ть let out a roar
взро́слый grown-up, adult
взры́в explosion; burst
взыва́ть call for; appeal to
взя́ть take
взя́ться take it upon oneself; come
  from, appear
ви́д appearance, look •де́лать ви́д
  pretend
ви́деть see
видне́ться be seen, be visible
ви́дно obviously, evidently; be visible,
  one can see
визгли́вый shrill
визжа́ть squeal, yelp
виктори́на (a parlor game similar to
  Trivial Pursuit)
ви́лка fork
винова́тый guilty
виногра́д grapes; vine
висе́ть hang
витри́на shop window; show case
ви́ться wind; curl; twist
вкла́дывать put in, insert
включа́ть include; turn on
включи́ть include; turn on
вкола́чивать stuff, push
вколо́ть stick into •вколо́ть шпи́лку
  hurt someone with a spiteful remark
вла́жность humidity
вле́зть climb in, get in

влета́ть fly in
влете́ть fly in
вме́сте together
вме́сто instead of •вме́сто того́,
  чтобы instead of
внеза́пно suddenly
внеочередно́й extraordinary; extra
внести́ bring in; put in, add
вни́з down, downward
внизу́ below, down below;
  downstairs
вника́ть investigate thoroughly
внима́ние attention
внима́тельный attentive
вну́к grandson
Вну́ковский Vnukovo (airport)
внутри́ inside
во́время on time; in time
вовсю́ utmost; with might and main
вода́ water •вода́ из-под кра́на tap
  water
вое́нный military
возвраща́ться return, come back
во́здух air
вози́ть take, drive; haul around
вози́ться romp; spend time on, be
  busy with
во́зле near; past
возмути́ться be indignant,
  exasperated
возмуща́ться be indignant,
  exasperated
возни́кнуть arise, come up
возража́ть retort; contradict, argue;
  object
возрази́ть retort; contradict, argue;
  object
во́зраст age
война́ war
войти́ enter, come/go in
вокру́г around
волна́ wave
волнова́ться worry
во́лос hair
волосо́к dimin.of во́лос
во́лосы (head of) hair
волше́бник magician, wizard
во́н there, over there
вообще́ in general, on the whole;
  altogether, at all
вопро́с question
воркотня́ cooing
во́рох heap, pile
ворча́ть grumble, growl

восклица́ть exclaim
воспита́ние upbringing; education
воспита́тельница day-care worker
воспи́тываться be brought up
воспринима́ть grasp, perceive *(by hearing)*
воспроизводи́ть reproduce
во́т here (is/are), there (is/are); this is, these are
во́т-во́т just now, on the point of
вперёд forward, forth
впереди́ ahead
впита́ть take in, soak up, absorb, imbibe
впи́тывать take in, soak up, absorb, imbibe
вполго́лоса in a low voice
вполне́ fully, completely
впра́ве within one's rights
впро́чем however, but; or rather
вра́ть lie, fib
вра́ч doctor
вре́дный harmful, injurious, nasty
вре́заться cut into, run into
вре́мя time
вро́де like; such as •вро́де бы seems like
всё everything; that's all; still; keep on, *e.g.* всё жа́луются they keep on complaining •всё же nevertheless •всё равно́ (it's) all the same
всегда́ always
всего́ in all, only; of all
всерьёз seriously
всё-таки all the same, nevertheless
вска́кивать jump up; jump out of bed
вскипа́ть boil, boil up; flare up
вскочи́ть jump up; jump out of bed
вскри́к cry
всле́д after
вслу́х aloud
вслу́шиваться listen attentively
всма́триваться peer at, scrutinize
вспомина́ть remember, recall
вспо́мнить remember, recall
вспоте́ть break out in a sweat; fog over
вспы́хивать blaze up; blush
вспы́хнуть blaze up; blush
встава́ть get up; stand up
вставля́ть put in, insert
вста́ть get up; stand up
встрево́женный anxious, worried
встре́ча meeting

встреча́ть meet
встре́чный coming (our) way
встря́хивать shake; shake up
всхли́пывать sob
вся́кий any; all sorts of
вся́чина •вся́кая вся́чина all sorts of things
вта́йне secretly, in secret
вта́лкивать shove in
втроём three together
втя́гивать draw in, pull in, involve
втяну́ть draw in, pull in, involve
вхо́д entrance
входи́ть enter, come/go in
вчера́ yesterday
вчера́шний yesterday's
выбега́ть run out
выбира́ть choose, select
вы́брать choose, select
вы́бросить throw out; discard
вы́глядеть look, appear
вы́говор reprimand
выдвига́ть move forward; slide out
вы́делить single out; allot
выде́рживать bear, stand it
выду́мывать invent; make things up, fabricate
вы́думать invent; make something up, fabricate
вы́звать call for, send for; challenge
вы́зов challenge •с вы́зовом aggressively
вызыва́ть call for, send for; challenge
вы́играть win; gain
выи́грывать win, gain
вы́йти exit, come/go out
выки́дывать throw out; reject
выключа́ть turn off
выкри́кивать yell, cry out
вы́лезти crawl, climb out
вылета́ть fly out
вы́ложить lay out; tell, reveal
вымеща́ть vent •вымеща́ть злобу vent one's anger
вы́мощенный paved
вы́мыть wash
вы́мыться wash (oneself)
вы́нести take/carry out •вы́нести резолю́цию pass a resolution •вы́нести реше́ние make a decision *(bureaucratic)*
выноси́ть take/carry out
вы́палить shoot; blurt out
выпива́ть drink up

выписать order, request; write out
выписывать order, request; write out
выпить drink; drink up
выполнение fulfillment
выполнить fulfill
выпросить obtain, elicit
выпрямляться straighten up
выпускать let out; release
выпускник graduating senior
выпустить let out; release
вырваться break loose; burst forth, escape
выручать rescue
вырываться tear oneself away; break forth, burst out
выскакивать jump out, spring out
выслушивать hear out
высокий high, tall
высотный high-rise (building)
выступать perform; give a presentation
высунуть stick out
высунуться stick out
высший high; highest •высшее образование higher education
высыпаться have a good sleep; get enough sleep
вытаскивать drag out, pull out, extract
вытащить drag out, pull out, extract
вытирать wipe, wipe off
выход exit; way out
выходить exit, come/go out
выходной (regular) day off
вычесть subtract; deduct
вычислить calculate
вычисляться be calculated
вышагивать stride; pace out
вышла *past of* выйти
выяснить clear up, clarify
выясниться become clear, turn out
Вьетнам Vietnam
вьющийся curly
вьются *non-past of* виться

Г

газ gas, gaseous substance
газета newspaper
гардеробщик cloak-room attendant
гаснуть go out, be extinguished
гастрономический grocery
гвоздика carnation

где where; somewhere
где-нибудь somewhere, anywhere
герой hero; character (in a story)
гимнастический gymnastic
гипнотизировать hypnotize
главный main, principal, chief, head •самое главное the main thing
гладить iron; stroke, pet
глаз eye
глазищи big eyes
глазок *dimin. of* глаз; small light
глиняный clay; earthenware; tile
глициния wisteria
глотать swallow
глубина depth, recesses
глубокий deep
глупый stupid, silly
глухой deaf; remote
глядеть look
говорить say; talk; speak; tell
год year
голова head
головёнка *dimin. of* голова
головёшка brand, smouldering piece of wood
головка *dimin. of* голова
голодный hungry
голос voice
голубоглазый blue-eyed
голубой blue, light blue
голый naked
гора hill, mountain
гордиться be proud
горелка burner
гореть burn
горка hillock
горло throat
город city, town
горько *(a cheer used at wedding celebrations)*
горячий hot; heated, passionate
господи Lord!
гостиница hotel
государственный state
государство state, nation
готовить prepare; cook
готовиться get ready; prepare
готовый ready; prepared
грамм gram
график graph, chart, schedule, table
гребёнка comb
грелка hot water bottle
греться warm up
грипп flu

гроб coffin
громадный huge
громкий loud
громоздкий cumbersome, unwieldly
грохот thunder
группа group
грустно sad
грязный dirty; muddy
грязь dirt; mud
губа lip
губить ruin; spoil
губка sponge
гулять walk, stroll, take a walk
густо thickly, densely

Д

да yes
да and, but
давай let's, let's go
давайте let's, let's go
давать give; let, allow; sell
давно long ago; for a long time
даже even
далее further •и так далее and so
  forth
далёкий distant
даль distance
дальше further; later; then
данные data; information
дать give; let, allow; sell •дать себя
  знать let itself be felt •дать слово
  give the floor to (at a meeting); give
  one's word, promise •не дай Бог God
  forbid •Мне дадут план I'll be
  assigned a quota
дважды twice
дверь door
двигаться move, move along
двор court; courtyard
дворец palace
дворик dimin. of двор
девочка girl, little girl
девушка girl, young woman
девчонка girl, gal
дежурить be on duty
действительно really, indeed
действовать act; work, function,
  operate
делать do; make •делать вид pretend
делаться be done; take place, be
  going on; become, begin to feel
дело affair, business; case, thing;

cause; work, things to do •то и
  дело continually, time and again •в
  чём дело what's the matter
деловой business, work
демограф demographer
демографический demographic
день day
деньги money
деревня village; country(side)
дерево tree
деревянный wood, made of wood
держать hold •держать себя behave
держаться hold on; stand firm
десятка ten; ten-ruble note
детдом orphanage
дети children
детишки kids
деторождение procreation
детсад day-care, kindergarten
детская nursery, children's room
детский children's; childish •детское
  children's clothes
детство childhood
дешёвый cheap, inexpensive
джаз jazz
джемпер jumper
диван sofa, couch
дикий wild; fantastic; uncut, rough
диплом diploma, degree
директор director
дискуссия discussion
диссертант PhD candidate
диссертация dissertation
длинный long
для for
дневник journal; daily record
днём in the afternoon; in the daytime
дня see день
добавка addition; second helping
добреть become kinder
добровольно voluntarily
доброжелательный benevolent
добросовестно conscientiously
добрый good, kind •С добрым утром
  Good morning •чего доброго who
  knows? it may be
доверие trust, confidence
доверить entrust
доверять entrust
довольно rather, fairly; that's enough
довольный satisfied; pleased
догадаться guess; hit upon the idea
догнать catch up to
догонять catch up to

дозва́ться get an answer
дозвони́ться reach (by phone)
дойти́ reach, get to
до́ктор doctor
до́кторская колбаса́ bologna
до́лгий long, long-lasting
до́лго long, for a long time
долета́ть fly to
до́лжен ought to, should,
    must •должно́ быть probably
до́льше longer
до́ля part; lot, fate
до́м building; house; home
до́ма at home
дома́шний home, domestic
до́мик little house
домо́й home, homeward
доноси́ть bring, bear
доноси́ться carry, reach; be heard
донско́й Don, of the river Don
допе́чь nag
допе́кать nag
допи́ть finish drinking
доползать crawl, creep to the end
дореволюцио́нный prerevolutionary
доро́га road; way
дорого́й dear; expensive
дорожи́ть value, cherish
доска́ board •чертёжная доска́
    drafting table
достава́ть fetch; get, obtain
достава́ться fall to one's lot; catch it
доста́ть fetch; get, obtain
досу́г leisure time
доходи́ть reach; come/go to; occur to;
    become clear
до́чка daughter
до́чь daughter
доши́ть finish sewing
драмати́ческий dramatic
дра́ный torn
древе́сный wood, from wood
дро́бь small shot; drumming, tapping;
    trilling
дру́г friend
дру́г дру́га each other
друго́й other
ду́мать think
ду́ра fool
дурачо́к silly little kid
дурёха silly thing
ду́рно feel sick
ду́ть blow
ду́х spirit; smell; breath •одни́м ду́хом

without taking a breath
духота́ stuffiness, heat
ду́ш shower
душа́ soul; heart
душе́вный moral; spiritual
душо́нка *dimin. of* душа́
ды́м smoke
ды́рочка little hole
дыря́вый full of holes
дыха́тельный respiratory
дыша́ть breathe
дя́дька (middle-aged) guy

Е

еда́ food, eats
еди́нственный sole, only
е́дут *non-past of* е́хать
едя́т *non-past of* есть[1]
ей-Бо́гу truly, really and truly
ёлка Christmas tree
Ермо́лова the Ermolova Theater
ерунда́ nonsense
е́сли if
е́сть[1] eat
е́сть[2] there is, there are; *with
    preposition* у: have; *present tense of*
    бы́ть: am, are, is •ка́к е́сть as
    is •та́к и е́сть just so, really
е́хать go, come, ride, drive
ехи́дство malice, spite
е́шь *Imperative of* есть[1]
ещё still, yet; even; also; some more,
    another; again; else •ещё ра́з once
    again, once more, one more time
    •ещё бы of course

Ж

ж *short form of* же
жале́ть pity; be sorry, regret
жа́лко be sorry for
жа́ловаться complain
жа́лость pity
жа́ль be sorry for; it's too bad; be
    sorry
жаро́вня grill
жаросто́йкость fire resistance
жда́ть wait
же *emphasizes the preceding word;
    but; expresses sameness, e.g.* то́т же,
    тако́й же the same; та́м же at the
    same place

жевать chew
желанье wish
желающие interested people
желудочный stomach, gastric
жена wife
жениться get married
женский women's; female;
  feminine •женский зал beauty parlor
женщина woman
живой alive; lively
живот stomach
животишка or животишка dimin. of
  живот
животный animal
жизнь life
жилплощадь living space
жирный fat •жирным шрифтом in bold
  print
жить live
журнал journal, magazine
жуют non-past of жевать

3

забавный amusing
забегать stop by; drop in (running)
забеременеть get pregnant
заболевание illness
заболеть[1] fall ill, get sick
заболеть[2] begin to bother, start
  hurting
забота care, worry, concern
забывать forget
забыть forget
зав short for заведующий
заваривать brew, make
заведующий manager; head
завернуть wrap in
завертеться begin to turn, spin;
  get/be too busy
заверять assure
завести take; start; wind up; set
  (clock, alarm, etc.) •завести ребёнка
  have a child
завиток curl
завод plant, factory
заводить take; start; wind up; set
  (clock, alarm, etc.) •заводить
  ребёнка have a child
заводиться be set (clock, alarm, etc.);
  become agitated
заволакивать cloud over
завтра tomorrow

завтрак breakfast
завтракать have breakfast
завязать fasten, tie up
завязнуть get stuck
загладить iron, press
заглушать drown out
заглядывать peep, glance; look in,
  drop by
заглянуть peep, glance; look in, drop
  by
загнуть turn up, fold, bend
заговорить start talking
заготовить lay in, store; prepare
заготовка stocks, unfinished goods;
  preparation
ЗАГС Registration Bureau, Marriage
  Bureau
задать assign; ask, pose (a question)
задевать brush against; offend, hurt
задержаться linger, stay too long
задерживать hold back; delay
задеть brush against; offend, hurt
задумать plan; conceive
задумываться become thoughtful,
  pensive
зажигалка cigarette lighter
зажигать light up, turn on (a light)
заинтересовать excite interest
заинька dimin. of заяц rabbit
заказ order
заказать order
заказчик client (one who places an
  order)
заказывать order
закалывать pin
закатывать roll up; roll (one's eyes)
закатываться roll, roll
  away •закатываться плачем sob,
  weep, burst into tears
закидывать throw, toss
заключать conclude
закончить finish
закончиться end
закричать shout, cry
закройщица dress cutter
закрутиться start to whirl; get/be
  busy
закрывать close, shut
закрыть close, shut
закупать buy up in large quantities
закупка purchase •делать закупки do
  the shopping
закуривать light up (a cigarette)
закурить smoke; light up

закутывать wrap up; tuck in
зал hall, room •женский зал beauty parlor •мужской зал barber shop •читальный зал reading room
залить flood, inundate
заметить notice, remark, note
заметка note, remark
замечание remark; warning
замечательно remarkable
замечать notice, remark, note
замкнутый reserved
замолкать fall silent; stop talking
замужем married •выйти замуж get married (said of a woman)
заниматься study; be busy with; work on
занятие occupation; pursuit; in Plur.: studies; classes; work •занятия с детьми time spent with the children
занятый busy
занять occupy •занять очередь reserve a place in line
заняться get busy with, start working on
заодно at the same time; in agreement
запаздывать be a little late
запах smell, odor
запереть lock
запивать wash down
запирать lock
записаться sign up, register
записка note
заплакать start crying
заполнить fill out (a form)
запомнить remember, commit to memory
заприметить notice (colloq.)
запрягать harness
запутать tangle up
запущенный neglected; overgrown
запыхаться (Impf.) puff, pant; (Pf.) be out of breath
зарабатывать earn
заранее beforehand; in good time
зареветь start howling; burst out crying
зарплата salary
зарываться bury oneself
заряжать charge, electrify
засадить plant; confine
заселять populate
заслуга service; merit
заснеженный covered with snow

засохнуть dry up; wither
заспанный sleepy
заставать find, catch
заставить force; fill, cram
застать find, catch
застолье feast
застрелиться shoot oneself; shut up
засыпать fall asleep
затащить drag off, drag into
затихать die down, abate; quiet down
зато but on the other hand, but then
затруднить cause trouble
затруднение difficulty
затылок back of the head
затягиваться inhale, draw (on a cigarette)
затянуть drag out
захлёбываться choke
заходить stop by
захотеть want
зацепляться catch on; trip on
зачем what for, why
зачитываться become engrossed in reading; read excessively
зашивать sew up; mend
защита defense
защищать defend
заявить announce
звать call; invite •Как вас зовут What's your name?
звезда star
зверь wild animal
звонить ring; phone
звук sound
здание building
здесь here
здорово splendidly, very well
здоровый healthy, well; sturdy, strong
зевать yawn
зелёный green
земля land, earth
земной earthly; on earth
зеркало mirror
зима winter
зимний winter, wintry
злиться be in a bad temper, angry
зло evil
злой evil; malicious; angry, mad
злорадно maliciously
знак sign; signal
знаменитый famous

знать know •дать себя знать let itself
be felt
значе́ние significance
зна́чит so, then; well then
зна́чить mean
золото́й gold, golden
зрачо́к pupil (of the eye)
зря to no avail, for nothing
зуб tooth

И

иго́лка needle
игра́ть play
идеали́стка idealist *(woman)*
иде́я idea
иди́-ка! come on!
идти́ go, come •Иди́те вы! Stop it!
That can't be true! •идёт разгово́р
there's a conversation going on •э́то
мне́ идёт that looks good on me,
that's becoming
из-за because of; from behind
из-под out from under; for, *e.g.*
буты́лка из-под во́дки a vodka
bottle •вода́ из-под кра́на tap water
избега́ть avoid
изве́стно known
извине́нье pardon
извини́ть excuse
и́згородь fence
изгото́вить manufacture
и́здали from afar
изда́ние edition; publication
изде́лие (manufactured) article,
product; *Plur.* wares
излага́ть expound
изме́рить measure
измеря́ться be measured
и́зредка now and then, from time to
time
изуча́ть study
икра́ caviar •баклажа́нная икра́
eggplant purée
и́ли or
и́менно precisely, exactly
име́ть have
иму́щество property, belongings
и́мя name •теа́тр и́мени Ермо́ловой
the Ermolova Theater
ина́че otherwise
иногда́ sometimes
инсти́нкт instinct

институ́т institute
интере́с interest; concern
интере́сный interesting
интересова́ть interest
интересова́ться be interested in
интона́ция intonation
информа́ция information
иска́ть look for, seek
исключи́тельно exclusively
исключи́тельный exceptional
и́скренний sincere
искросто́йкость spark-resistance
иску́сство art
испо́льзовать use, utilize
испо́ртить spoil, ruin
испу́ганный frightened
испуга́ться be frightened, get scared
испыта́ние test, experiment
иссле́дование research, investigation
исте́рика hysterics
исто́рия story; history
исто́чник source
истра́тить spend
исчеза́ть disappear
исче́знуть disappear
ита́к so then; anyway
и́щет *non-past of* иска́ть

Й

йод iodine *(disinfectant)*

К

-ка *particle used with suggestions
(often imperatives) e.g.* Иди́-ка
сюда́! Come on over here! How
about coming over here?
ка́др cadre; *Plur.* personnel
ка́ждый each
каза́ться seem
как how; as; like; when; *with Pf. verb
denotes sudden action, e.g.* меня́ как
сту́кнуло it really hit me (came to
mind) •X как X: an X like any other
X, *e.g.,* неде́ля как неде́ля a week
like any other week, just another
week •как бу́дто as if •как ра́з just
right; just then, just at the right
time •во́т как! indeed! you don't
say!
как-то once (in the past); somehow
како́й what, what kind of

какóй-нибудь some, any, of some kind or other
какóй-то some, a; a kind of
кáмень stone; boulder
канáл canal
канализациóнный sewer (pipe)
кандидáт (наýк) PhD
канúкулы vacation
канцелярия office; paperwork
каню́чить whine, whimper
кáпать drip
капитализм capitalism
капиталист capitalist
капитáн captain
капризничать be capricious, willful, cranky
капюшóн hood, cowl
карандáш pencil
карантин quarantine
кареглáзый brown-eyed
кармáн pocket
карнавáл carnival
картóшка potatoes
карьéра career
касáться concern, pertain to
кастрю́ля saucepan
каталóг or катáлог catalogue
катáться roll; go for a ride *(cycling, sledding, skating, boating, skiing, etc.)*
кафé cafe, restaurant
качáть shake; rock (a cradle)
кáчество quality •в кáчестве X*(Gen.)*: as an X
кáша kasha, porridge
кáшель cough
кáшлять cough
кашнé scarf
каштáновый chestnut(-colored); medium brown
кв. = квадрáтный
квадрáтный square
квартáл (city) block; quarter, 3-month period
квартúра apartment
КВН-49 *(TV brand name)*
кефúр kefir *(a kind of buttermilk)*
кивáть nod
кидáть throw, fling
кидáться rush; fling; attack
килó kilo
кинó movies
кúнуться rush; fling; retort
кипéние boiling

кúсть cluster
клáсс class; grade (in school)
клáсть put, lay
клуб club; puff (of smoke)
ключ key
клю́чик *dimin. of* ключ
клясть curse
кнúжка book
кнúжный book; bookish
кóврик carpet
когдá when; while
когдá-нибудь sometime, anytime (in the future)
когдá-то formerly, once (in the past)
кóе-кáк somehow or other; anyhow, carelessly
кóе-чтó something; a thing or two; a little
кокéтничать flirt
коктéйль cocktail
кóлба flask
колбасá sausage; salami
колгóтки tights
колдовáть practice witchcraft; do magic
колéнка *dimin. of* колéно
колéно knee; *Plur.* lap •стáть на колéни kneel down
колéчко ringlet
колúчество number, quantity
колоссáльно enormously
командировáть send, dispatch
командирóвка business trip
комбинезóн snow-suit; overalls
комментúровать comment
коммýна commune
коммунáльный communal; shared
коммунúзм communism
кóмната room
компáния company
компóт stewed fruit
комфóрт comfort
конéц end •в концé концóв in the end, after all
конéчно of course
конкрéтно concretely
кóнкурс competition
консультáция consultation; clinic
контóрка cubicle
конфеттú confetti
конфóрка burner (on a stove)
кончáть finish, end
кóнчить finish, end
кóнчиться end, come to an end

69

кооперати́вный cooperative
копе́йка kopeck
копоши́ться swarm; stir; putter around
коридо́р hall, corridor
коро́бка box
коро́тенький short, real short
коро́ткий short
ко́ротко short; briefly
ко́рь measles
коси́чка little braid
ко́смос space, outer space
костёр campfire
косы́нка kerchief
котле́та meat patty; hamburger
кото́рый who; which
ко́фе coffee
ко́фта cardigan
кра́й region; edge, border
кра́йний extreme; critical
кра́н faucet, spigot; knob
краса́вица beauty, beautiful woman
краси́вый beautiful, handsome
красну́ха German measles
кра́сный red
кре́пкий strong
кре́сло armchair
кри́зис crisis
кри́к shout, cry
кри́кнуть shout, cry
крити́ческий critical
крича́ть shout, cry
крова́тка small bed; crib
крова́ть bed
кро́вельный roof
кро́вь blood
Крокоди́л Crocodile (name of a satire magazine)
кро́ме except •кро́ме того́ also, in addition, besides
кру́глый round
кружевно́й lace; lace-like
кружи́ться whirl, spin
крути́ть twist; wind
крути́ться spin, whirl
круто́й steep
кры́ша roof
крючо́к hook
кста́ти by the way
кто́ who; somebody
кто́-нибудь somebody, anybody
кто́-то somebody
ку́б cube
ку́бик block, toy brick

кувырка́ться turn somersaults
куда́ where, where to
куда́-нибудь somewhere, anywhere
куда́-то somewhere
кудря́шки ringlets (of hair)
ку́кла doll
кула́к fist
ку́льтпохо́д excursion
культу́рный cultural; proper
купа́льник bathing suit
купа́ть bathe, give a bath
купи́ть buy
куро́ртный spa; resort
ку́рс course; year of study
ку́рточка dimin. of ку́ртка jacket
курье́р deliveryman
кусо́к piece; slice
ку́ст bush
ку́хня kitchen
ку́ча pile, heap

Л

лабора́нт lab technician
лабора́нтка lab technician
лаборато́рия laboratory
ла́дить get along with, be on good terms with
ла́дно OK
ладо́нь palm of the hand
ладо́шка dimin. of ладо́нь
ла́мпа light, lamp
ла́мпочка lightbulb
ла́па paw; foot (of an animal)
ла́пушка darling, sweety
ла́сково tenderly, endearingly
ле́вый left
лёгкий light; easy
легко́ easy; easily
легла́ past of ле́чь
ле́гче easier
лёд ice
ледяно́й ice, icy
лежа́ть lie
ле́зть climb, crawl; fit
лени́во lazily
ле́нта ribbon; reel-to-reel tape
ле́с woods
ле́стница stairs, stairway
лете́ть fly
ле́тний summer
ле́то summer; Plur. years
ле́чь lie down; go to bed

лиза́ть lick
ликвиди́ровать remove, get rid of; liquidate
лило́вый lilac
ли́ст leaf; sheet (of paper)
листо́к *dimin. of* ли́ст
ли́ться pour
лицо́ face
ли́чный personal, private
лиши́ться lose, be deprived of
лишь only •лишь бы if only, provided that
ло́вко adroitly, deftly
ложи́ться lie down; go to bed
лома́ть break •лома́ть себе́ го́лову rack one's brains
ло́мкость brittleness
Ло́тос *(name of a detergent)*
лохма́тый disheveled
ло́шадь horse
луна́ moon
лу́чше better; rather
лу́чший better, best
лысова́тый somewhat bald
льго́та privilege; fringe benefit
люби́ть like, love
любова́ться admire; feast one's eyes on
любо́вь love
любопы́тство curiosity
лю́ди people

М

магази́н store
магнитофо́нный pertaining to a tape recorder •магнитофо́нная ле́нта reel-to-reel tape
макаро́ны macaroni
ма́ленький little, small
ма́ло little; few; not much, not many
малы́ш kid, child
ма́льчик boy, little boy •ма́льчик на подхва́те handyman
мальчи́шеский boyish
ма́ма mother; mom
мама́ша *dimin. of* ма́ма
мама́шенька *dimin. of* мама́ша
ма́мочка *dimin. of* ма́ма
маникю́р manicure
ма́рш march
ма́ска mask
ма́сло butter; oil

ма́стер master, skilled workman; expert
материа́л material
материа́льно-бытово́й pertaining to living conditions
ма́ть-одино́чка unwed mother
ма́ть mother
маха́ть wave
маши́на machine; car
маши́нка *dimin. of* маши́на; typewriter
ма́ятник pendulum
мгнове́нно in an instant, instantly
медве́дь bear
медици́нский medical
ме́дленно slow, slowly
ме́дленный slow
ме́жду between, among
междугоро́дный intercity •междугоро́дный звоно́к long-distance call
междунаро́дный international
ме́лкий shallow; petty
ме́ньше less; fewer; least
ме́рно rhythmically
ме́сиво medley, jumble; crush, crowd
ме́сто place; seat; position, job •у́зкое ме́сто weak spot
ме́сяц month; moon
ме́тр meter
метра́ж square footage
метро́ subway
механи́ческая (лаборато́рия) workshop, mechanics lab
меховой fur
мечта́ dream, day-dream; aspiration
мечта́ть dream; day-dream; hope
меша́ть bother; interfere with
мешо́чек *dimin. of* мешо́к bag, sack
мига́ть blink; wink
мигну́ть blink; wink
микро́метр micrometer
ми́лый nice; dear
ми́мо past
ми́нус minus
мину́та minute
ми́рно peacefully
ми́тинг political-ideological meeting
мла́дший junior
мне́ние opinion
мно́гие many
мно́го many, much, a lot
многоде́тный with many children, многоде́тная семья́ a large family

мно́гое much, a lot
мо́дный fashionable, stylish
мо́жно one can, be able; be possible
мо́крый wet
мо́лния lightning
молодёжь youth, young people
моло́денький *dimin. of* молодо́й
молодо́й young
мо́лодость youth
моложа́вый youthful-looking, looking younger than one's years
моло́же younger
молоко́ milk
мо́лча silently, without saying anything
молчали́вый taciturn, silent
молча́ть be silent, not talk
моме́нт moment
монасты́рь monastery
морда́шка face *(endearing term)*
мо́ре sea
моско́вский Moscow
мо́ст bridge
мота́ть wind, reel; shake (one's head)
мота́ться rush around; dangle, swing
моти́в motive
мохна́тый shaggy •мохна́тое полоте́нце thick bath towel
мо́чь can, be able
мра́морный marble
мра́чный gloomy
му́ж husband
мужско́й man's, male, masculine •мужско́й за́л (в парикма́херской) barber shop
мужчи́на man
мурлы́кать purr; hum
му́сор trash
мысли́шка *dimin. of* мы́сль thought
мы́сль thought
мы́ть wash
мя́коть fleshy part of body or fruit; pulp
мясно́й meat
мя́со meat

Н

набива́ться crowd, be crowded
набира́ть gather, assemble
наби́тый stuffed
наби́ть fill, stuff
набо́йка heel (of a shoe)

наве́рное probably
наверняка́ certainly, for sure
наве́рх up, upward; upstairs
наверху́ up above
нависа́ть hang, overhang
навстре́чу towards, meeting halfway, coming (our) way
нагромо́ждение pile, heaping
нагружа́ть load, burden
нагружа́ться load, burden oneself
нагуля́ться have had a long walk, walk one's fill
над over, above •рабо́тать над work on
на́двое in two
надева́ть put on *(said of clothes)*
наде́ть put on
наде́яться hope
надое́сть get fed up with, tired of
на́дпись sign, inscription
наеда́ться fill up, eat one's fill
нажа́ть press
наза́втра on the next day
наза́д back; ago •тому́ наза́д ago
назна́чить set, fix
называ́ть call, name
называ́ться be called
наиверне́йший most reliable
наизу́сть by heart
найти́ find
нака́зывать punish
нака́тывать roll up onto
наклони́ться stoop, bend
наконе́ц finally; after all
накорми́ть feed
накрыва́ть set the table
налегке́ light (*as in* travel light)
налета́ть run into
налива́ть pour
нама́чивать moisten; soak
намочи́ть moisten; soak
наотре́з flatly, point-blank
наперебо́й vying with one another
написа́ть write
напи́ться drink one's fill
напои́ть give to drink
напо́лниться fill up
наполня́ть fill up
наполови́ну half
напомина́ние reminder
напомина́ть remind
напо́ристо energetically, pushing
напра́сно for nothing, in vain; foolishly

напрасный unnecessary
например for example
напряжение voltage; tension
напускать let in, pump •напускаю я
    туману I cloud the issue
напяливать pull on, struggle into (a
    garment)
нараспев in a sing-song voice;
    drawling
народ people
население population
насильно by force
наскучаться get bored
насмешить make (somebody) laugh
насмешливый mocking; sarcastic
насморк (common) cold, sniffles
настаивать insist
настежь wide open
настоящий real
настроение mood
наступать come, arrive
насупиться frown; knit one's brows
насчёт about, concerning
натягивать pull on
наука science
научиться learn
научный scientific;
    scholarly •научный сотрудник
    research worker
находить find; come over, upon •на
    меня находит отупение I feel numb
    and stupid
начало beginning
начальник boss, chief
начальство the authorities; boss, chief
начать begin
начаться begin, start
начинать begin
начинаться begin, start
неаккуратный careless
небо sky
небольшой rather small, not too big
невкусный bad(-tasting), tasteless
невозможно impossible
невысокий rather low, not too high
недавно recently
неделя week •неделя как неделя a
    week like any other week, just
    another week
недовольный dissatisfied
недозваться get no answer
недостаточно not enough, insufficient
недостроенный still under
    construction, unfinished

недоумевать be perplexed; wonder
незаметный inconspicuous
незачем pointless, useless
незнакомый unknown, not known
некогда there
некого there is nobody
некоторые some, not all
некоторый certain, a certain
некуда there is nowhere
нелёгкий rather difficult, not too
    easy
неловко uncomfortable; awkward;
    embarrassing
нельзя one can't; it is impossible; it
    is forbidden
немедленно immediately
немного a bit, some, a few
немолодой rather old, not too young
ненавидеть hate
необходимо it is necessary,
    imperative
неоплачиваемый unpaid
неплохо rather good, not too bad
неположенный improper, wrong
непонятный incomprehensible
неправда untruth, falsehood
непременно without fail
непричёсанный disheveled
нерв nerve
нервничать be nervous
нерентабельно it's not worth it, it
    doesn't pay
несделанный not done, unfinished
несколькие several
несколько several, some, a few;
    somewhat, rather, slightly
несогласный not agreeing; not
    consenting
несправедливо unjust(ly), unfair(ly)
нести carry
нестись rush, gallop, fly
неудобно uncomfortable;
    inconvenient
неужели really
неуклюжий clumsy; awkward
нечего there is nothing; no need
нечистота dirtiness; *Plur.* нечистоты
    sewage
нигде nowhere
низкий low
никакой no, none at all
никогда never
никто nobody
никуда nowhere

73

ничего́ nothing; so-so; not too bad, all right •ничего́ себе́ so-so, not too bad; excessive
новобра́чный newly-wed
новостро́йка new construction (area)
но́вость news, piece of news
но́вый new
нога́ foot, leg
но́готь (finger)nail
но́жка *dimin. of* нога́
но́жницы scissors
но́мер number, issue (of a magazine); routine (in gymnastics, on the stage, *etc.*)
номеро́к cloak-room ticket
но́рма norm; standard; quota •привести́ себя́ в но́рму pull oneself together
норма́льно normally; as usual
норма́льный normal
но́с nose
носки́ socks
носово́й nasal •носово́й плато́к handkerchief
ночева́ть spend the night
но́чь night
но́чью at night
но́ша burden, heavy load
нра́виться like
нравоуче́ние moralizing; admonition
ну́-ка now, now then, come on
нужда́ться be in need of
ну́жен need; needed
ну́жный necessary, needed
ну́ что? Well?
ня́нечка *dimin. of* ня́ня
ня́нчить baby-sit
ня́ня nurse; assistant in a day-care center

О

обгоре́лый scorched; charred
обду́мывать think over, weigh
обе́д dinner, lunch
обе́дать have dinner, dine
обездо́лить deprive of one's share
обеспе́чить guarantee; assure; provide
обеща́ть promise
обжига́ть burn
оби́вка upholstery
оби́да offense, injury, insult; nuisance

оби́деться be offended, feel insulted
оби́дный offensive; annoying
обижа́ться be offended, feel insulted
оби́женный offended; hurt
оби́льный abundant
обкорна́ть crop, cut too short
обкуса́ть bite round; nibble
обме́н exchange
обме́нный exchange
обменя́ть exchange
обнима́ть embrace, hug
обня́ть embrace, hug
обобщи́ть generalize
обожа́тель admirer
обойти́сь get along, do without; cool off, calm down
обосно́вывать substantiate
обра́дованный overjoyed
о́браз way •таки́м о́бразом in this/that way, thus
образе́ц sample; model; pattern
образова́ние education
обра́тно back
обра́тный return
обраща́ть turn •обраща́ть внима́ние pay attention
обраща́ться turn to, appeal to
о́бруч hoop
обрыва́ть cut short, interrupt
обры́вок excerpt; snatches (of a conversation)
обсле́дование inquiry; investigation
обслу́живать serve
обсужда́ть discuss
общенаро́дный national, nation-wide
о́бщий general; common •в о́бщем in general, on the whole
объяви́ть announce
объясне́ние explanation
объясня́ть explain
обы́чный usual
обя́занность responsibility, duty
обяза́тельно absolutely; without fail; one must
ове́чка *dimin. of* овца́ sheep, ewe
о́вощи vegetables
овощно́й vegetable
огляде́ть look over; inspect
огля́дываться look around
огляну́ть take a look over
о́гненный fiery
огнесто́йкость fire-resistance
огонёк *dimin. of* ого́нь
ого́нь fire; light

огорчи́ться be distressed
ограни́чивать limit
одева́ть dress
одева́ться get dressed, dress
оде́жда clothes, clothing
одёжка clothing
одёргивать pull down, straighten (an article of clothing)
оде́ть dress
одея́ло blanket
оди́н one; a; alone; only •одни́м ду́хом without taking a breath •оди́н на оди́н alone with one another, tête-à-tête
одина́ковый the same, similar
однажды once, one time
одновре́менно or одновреме́нно simultaneously
о́йкать say 'Oy, Ouch'
оказа́ться turn out to be, turn out; find oneself
ока́зывать exert •ока́зывать дове́рие show confidence
ока́зываться turn out to be, turn out; find oneself
оклика́ть hail, call
окли́кнуть hail, call
окно́ window
о́коло around
оконча́ние end, conclusion
око́нчиться end, be over
окороти́ть make too short, crop
омле́т omlette
опа́здывать be running behind time, late, tardy
опа́сный dangerous
опера́ция operation
опла́чивать pay for, foot the bill
оплета́ть twist, twine around
опозда́ние tardiness
опозда́нье variant of опозда́ние
опозда́ть be late, miss
определённый certain; particular
определи́ть determine; define
опуска́ть drop; lower
опусти́ть drop; lower
о́пыт test, experiment; experience
о́пытный experienced; testing, experimental, pilot
опя́ть again; all over again
ора́нжевый orange
ора́ть bawl, yell
организо́ванно in an organized way
оре́х nut; nut-tree

освежённый refreshed
освеща́ть light up, illuminate
освободи́ть free, liberate
освобожде́ние liberation; freeing; discharge
осе́чься stop short, suddenly stop talking
основа́ние basis
основно́й basic •в основно́м basically
осо́бенно especially
остава́ться remain; stay
оста́вить leave; leave behind; abandon, give up
оставля́ть leave; leave behind; abandon, give up
остально́й remaining
остана́вливаться stop
останови́ться stop
остано́вка stop (bus-, trolley-, etc.)
оста́ток remnant, remainder, rest
оста́ться remain; be left; stay
осторо́жность care, carefulness, caution
остри́чь cut, trim
остри́чься get a haircut
остроу́мничать joke, make funny remarks
о́стрый sharp; severe; acute; pointy
осужда́ть blame, put the blame on, scold
осыпа́ть scatter
отбива́ться repulse, fight back; free oneself
отвести́ take/lead (away)
отве́т answer
отве́тить answer
отвеча́ть answer
отводи́ть take/lead (away) •отводи́ть взгляд в сто́рону look away
отда́ть give, give over; place, send to
отде́л department
отде́латься get rid of
отде́льный separate, individual
о́тдых rest, relaxation
оте́ц father
отзы́вчивый responsive
отка́з refusal; abstention
отказа́ться refuse; decline; cancel
отка́зываться refuse; decline; cancel
откла́дывать put aside, set aside; postpone, put off
отклони́ть decline, move aside
откров́енный frank
открыва́ть open; discover

открытый open, opened
открыть open; discover
откуда where from
отложить put aside, set aside; postpone, put off
отмахиваться refuse, reject
относиться treat; relate to; have to do with; refer to; belong to
отодвигать move aside, put aside; pull out; postpone, put off
отодвинуть move aside, put aside; pull out; postpone, put off
отопление heating
оторвать tear off
отпарывать rip, rip off
отправлять send
отправляться set out, head for
отпрашиваться ask for leave; ask to be excused
отпроситься ask for leave; ask to be excused
отпуск leave, vacation
отпускать let go, relieve
отрезать cut off
отрывок excerpt, passage
отставить set aside
отставной retired
отстать fall back; fall behind; leave alone
отстукивать tap out
отсюда from here
оттого that is why •оттого, что because
отупение stupor
отходить move away; recover, calm down
отчаянный despairing, desperate
отчего why
отчёт report
óхать say 'Oh'; moan
охота desire; feel like
охотно willingly
охрипнуть become hoarse
очевидно evidently
очередной next; regular
очерёдность order of priority
óчередь line, queue; turn •занять óчередь reserve one's place in line
очки glasses
ошибиться make a mistake, be mistaken
ощущение sensation; feeling, sense

П

падать fall
пакет package; paper bag
палец finger
палисадник small front garden
пальто overcoat
папа father, dad
пар steam
пара pair; couple
парень guy, fellow; lad, boy
парикмахерская barber shop, beauty salon, hair dresser
парить soar
парнишка *dimin. of* парень
партийный party; party member
пачка pack
певучий melodious
пенсионерка retired woman
пенсия pension
первый first
перебирать look through
перевезти take across; transport
перевести translate; transfer
переводить translate; transfer
переворачивать turn over
переворачиваться turn over
перегибаться bend, lean over
перегладить iron over, iron again; iron everything
переговоры negotiations
перегородить block
перегородка partition
перегруженный overloaded; overcrowded *(said of a vehicle)*
перед in front of, before
передавать pass, hand over
передать pass; hand over
переделать do over, redo; do everything, complete (various jobs)
передник apron; pinafore
передняя entrance hall
переезжать cross; run over; move (to a new residence)
переживание experience; suffering; feeling; concern, worry
переживать live through; suffer; endure; be concerned, worry
пережиток remnant of the past
перейти pass to; cross
перекладывать shift
переключать shift gears; switch
переламываться break
перелистать leaf through

перенести carry over
переодевать change clothing
переписывать re-write; make a list
переполненный over-crowded
перерыв intermission; break; lunch
  break
пересадка transfer
пересекать cut across, walk across
перестать stop, cease
перестилать change the sheets
пересчитывать re-count
перетаскивать carry from place to
  place
перетерпеть suffer, endure, hold out,
  last it out
перетрясти shake up
переходить pass to; cross
перечислить enumerate
перфокарта perforated card
песенка *dimin. of* песня song
песочить criticize
петля *or* петля loop; noose
петлять dodge
печь[1] stove
печь[2] bake
пешком on foot
пикап pick-up, van, station wagon
пилить nag
пирожок knish, pirozhok *(a small
  pastry filled with meat or
  vegetable)* •шапка пирожком small
  fur hat shaped like a knish
писать write
пискливый squeaky
пить drink
пищать squeak; whine
плавать swim; sail; float
плавленый сыр spreadable cheese
плакать weep, cry
пламя flame
план plan; quota
планирование planning
пластик plexiglass, fiberglass
платить pay
платок kerchief •носовой платок
  handkerchief
платье dress
платьице *dimin. of* платье
плач crying
плащ raincoat
плеск splash
плестись drag along; lag behind
плечо shoulder
плита stove; plate, slab

плитка *dimin. of* плита; tile, thin slab
плоский flat
плохой bad, poor
площадка stairway landing
площадь square; area, space
по-анкетному like in a questionaire
побить beat (a competitor), defeat;
  surpass
побольше a bit more; a bit bigger
поверить believe
повернуть turn
поверх on top of; over
повеселеть cheer up
повесить hang •повесить трубку
  hang up (the phone)
повести take, lead; move, raise *(said
  of parts of the body)*
повесть story, tale
повлиять influence
повод occasion, cause •по этому
  поводу in this connection, in this
  regard
повозиться romp; spend time on
поворачивать turn
поворачиваться turn around
поворот turn
повторить repeat
повторять repeat
повысить raise
повыситься rise
повышенный elevated, too high,
  excessive
погасить extinguish
погладить iron, press
поглаживать stroke
поглядывать glance at, look at from
  time to time
поговорить talk, have a chat
погода weather
погружать immerse; bury
погружаться plunge into, get
  absorbed in
погулять take a walk; not work; have
  fun
под under; near; to the
  accompaniment of; in imitation of;
  towards *(in time expressions)*
подавать serve; give
подарить give (as a gift)
подбежать run up to
подбородок chin
подбритый shaved, trimmed (by
  shaving)
подвязать tie up; keep up

подвя́зывать tie up; keep up
подгото́вить prepare
поде́лать do
поджида́ть wait for
поджима́ть draw in; squeeze
•поджима́ть гу́бы purse one's lips
подключа́ться link up; join
подковы́рка jab, attempt to find a flaw, trip somebody up
подкороти́ть shorten
подмести́ sweep up
подмо́га help
поднима́ть lift, raise; rouse
поднима́ться go up, rise, ascend
подня́ть lift, raise; rouse
подобре́ть become kinder
подогрева́ть warm up
подозре́ние suspicion
подойти́ approach, come/go up to
•подойти́ к телефо́ну answer the phone
подо́л hem
подо́льше a bit longer
подопе́чный under one's guidance
подпира́ть prop up
подполко́вник lieutenant colonel
подру́га friend, girl-friend
по-друго́му differently; in a different way
подря́д in succession, one after the other
подсинённый with a touch of blue eye-shadow
подска́зывать prompt; suggest
подстри́чь give a haircut
подсчёт calculation; count
подсчита́ть calculate; count
подсчи́тывать calculate; count
поду́мать think
поду́шка pillow, cushion
поду́шечка *dimin. of* поду́шка
подхва́т •ма́льчик на подхва́те handyman
подхва́тывать pick up, catch up
подхо́д approach
подходи́ть come; approach, come/go up to •подходи́ть к телефо́ну answer the phone
подчёркнуто with affectation; emphatically
подчеркну́ть underline; emphasize
подши́ть hem, sew a hem
подъём lifting; climbing; reveille
пое́сть eat; have a meal

пое́хать go, drive
пожале́ть pity, feel sorry for; regret
пожа́луйста please; you're welcome; here you are
пожева́ть chew
пожела́ть wish
пожени́ться get married
пожима́ть squeeze; shake (hands); shrug (one's shoulders)
по́за pose
позавчера́ the day before yesterday
позапро́шлый before last
позвони́ть ring, phone
по́здно late
поздно́вато a little late
поздра́вить congratulate
поздравля́ть congratulate
по́зже later
познако́миться meet, get acquainted
позывны́е (radio) station identification
поймёт *non-past of* поня́ть
пойти́ go; start going, set out; suit, be becoming, look good
пока́ for the present, for the time being; while; until •Пока́! Bye-bye! So long! •пока́ не until
пока́зание evidence; *Plur.* reasons; indications; recommendations
показа́тель index; showing
показа́ть show
показа́ться seem, be perceived
пока́зывать show
покапри́зничать be capricious, wilful, cranky
пока́чивать rock, swing
пока́чиваться rock slightly
покида́ть leave, forsake
поко́й peace, peace and quiet
поко́рно submissively, obediently
покрасне́ть blush; redden
покре́пче a little harder
покря́хтывать wheeze a little
покупа́ть buy
поку́пка purchase •де́лать поку́пки do the shopping, go shopping
пол floor
полага́ться be supposed to; be customary; rely
полго́да half a year
поле́гче easier; a little easier
поле́зно useful
полете́ть fly
полиме́р polymer

полистáть leaf through
политзанятия *(Plur.)* political classes
полúтика policy; politics
политотдéл ideological department (in the armed forces)
пóлкилó half a kilo
пóлмéсяца half a month
пóлный full, filled; complete
половúна half
положéние situation, position; status
полóженный agreed; determined
  •сверх положенного tip; surcharge
положéнье *variant of* положéние
положúть put, lay
полоскáть rinse
полотéнце towel
полсекýнды half a second
полторá one and a half
полуобвалúвшийся half-collapsed
полуприкрытый half-closed
полупустóй half empty
полурасчёсанный half-combed
полýтора *see* полторá
полуфабрикáты ready-to-cook products
получáть receive, get
получáться turn out, come out; come out right, be a success
получúть receive, get
получúться turn out, come out; come out right, be a success
полчасá half an hour
пóльзоваться use
полюбúть fall in love with
поменять exchange
поменяться exchange
помéшивать stir
пóмнить remember
помогáть help
помолодéть look younger
помóчь help
по-настоящему in the right way, properly •есть по-настоящему have a real meal
понимáть understand
понóс diarrhea
понрáвиться like
понятие concept
понятно I see, I understand; that's clear
понять understand; realize
попадáть fall; hit, catch; get to, find oneself in
попáсть fall; hit, catch; get to, find oneself in
попáсться come across; be caught
поперéчный cross-section
поправлять correct
попрóбовать try
попрятать hide
популярный popular
попытка attempt
порá it's time
поработать work a bit
порáньше a bit earlier
порóй now and then
пóртить spoil, ruin
портнúха dress-maker *(woman)*
портфéль briefcase
поругáть scold
пóручень hand-rail
поручúть assign
порядок order •всё в порядке everything is OK •порядком доставáться get one's share
посадúть seat
посáпывать wheeze, sniff
посвúстывать whistle
поселúться settle, take up residence
посещáть visit; attend
посещéние visit
посидéть sit for a while
поскорéй Quick! Hurry up!
послабéе a little weaker, poorer
послáть send; send for
пóсле after
послéдний last; latter
послезáвтра the day after tomorrow
посмáтривать glance, look at from time to time
посмéть dare
посмеяться laugh
посмотрéть look
поспáть sleep a while
посредúне in the middle of
поссóриться quarrel
постáвить put, stand; put on the stove
постáнывать moan a little from time to time
постарáться try
постéль bed; bedding
постирáть wash, do the laundry
постоянный constant
пострóить build
посýда dishes
посыльный deliveryman, courier
по-твóему in your opinion

79

потерять lose

потеряться get lost; get confused

потихоньку slowly

потише quieter, a little quieter

потный sweaty

потолок ceiling

потряхивать shake

потянуться follow each other, go (one after the other)

поужинать have supper

похлопывать pat

поход excursion

похожий like, similar •похоже, что it seems like

поцеловать kiss

почём how; how much (does it cost)

почему why

почему-то for some reason

починить fix; mend

почистить clean; peel

почитать read a bit

почти almost

пошёл *past of* пойти

пошлют *non-past of* послать

появиться appear, turn up

появляться appear, turn up

пояс belt; girdle; waist

пояснять explain

пр. *abbrev. for* прочий

прав right, correct

правда truth; it is true; true

правило rule

правый right

прачечная laundry, laundromat

превращать turn into, convert

превращаться turn into, become

преглупый very silly, very dumb

предки forebears, ancestors

предлагать propose, suggest

предложить propose, suggest

предпоследний penultimate, before last, next to last

предприятие enterprise; business; works; concern, firm

представить present; introduce; imagine

представляться introduce oneself; seem; imagine; visualize

представлять present; introduce; imagine

предстоять lie ahead, be in prospect

предупредить warn

предупреждать warn

прежде before, first; formerly прежде

всего first and foremost, first of all

преимущество advantage

прекрасно extremely well; fine, excellent

прекрасный very good, excellent

прекратить stop

прекратиться cease, stop

преобладать predominate, prevail

преодолевать overcome

преподавать teach

преувеличивать exaggerate

при in the presence of; at the time of; associated with

прибавляться increase

прибегать run •прибегать к помощи rely on someone's help

прибить beat up, beat half to death

привести bring •привести себя в норму pull oneself together

привычка habit

приглашать invite

приговаривать mumble

приготавливать prepare, cook

приготовить prepare, cook

придерживать hold back, hold up

придумать think up; devise, invent

придумывать think up; devise, invent

приезжать arrive, come (by vehicle)

приехать arrive, come (by vehicle)

прижаться press oneself against; snuggle up to

признавать recognize; admit

признать recognize; admit

признаться admit, confess

прийти arrive, come

прийтись have to; have the occasion to

прикасаться touch (lightly)

прикидывать throw in; estimate

прикосновение touch

прикоснуться touch (lightly)

прикрывать cover, screen; shield

прикрыть cover, screen; shield

примерещиться appear as a mirage, as a dream

примерять try on (for size)

принадлежать belong

принести bring

принимать accept; take, receive •принимать душ take a shower

приниматься begin, start, set to, get down to, take up

приносить bring *(carrying)*

принять accept; take, receive •принять душ take a shower

приняться begin, start, set to, get down to, take up

приобретéние acquisition

приоткрыться open slightly, half-open

припухлый slightly swollen

прирóст increase, growth

присéсть sit down, take a seat

прислониться lean against

присниться dream, dream up

притащить bring, drag

притвóрный insincere, sham

притянуть pull up

прихóд arrival

приходить arrive, come

приходиться have to; have the occasion to

прихрáмывать limp

причесáть comb, do someone's hair

причесáться comb, do one's hair

причёска hairdo, haircut

причёсываться comb, do one's hair

причина reason

причинить cause

причитáть lament

причмóкивать smack one's lips

пришёл *past of* прийти

пришивáть sew on

пришить sew on

про about •говорить про себя say to oneself

пробивáть[1] fight, force one's way through

пробивáть[2] punch a hole through

пробить[1] fight, force one's way through

пробить[2] punch a hole through

проблéма problem

прóбовать try

пробрáться fight one's way, get through

провáливаться collapse; fail; disappear

провалиться collapse; fail; disappear •провались онó the hell with it

проведут *non-past of* провести

провернуть bore through; grind; rush through

провёртывать bore through; grind; rush through

провести lead; spend (time); install, run; carry out, conduct

провиниться be guilty of

проводить[1] lead; pass, run over; spend (time); install, run; carry out, conduct

проводить[2] see off, say goodbye; accompany, walk home

проводиться be conducted

провожáть see off, say goodbye; accompany, walk home

проголодáться starve

прогрáмма program; channel (on TV)

прогулка walk, stroll

продлённый extended

продолжáть continue; extend, prolong

продóлжить extend, prolong

продукты food, groceries

продукция production; finished product

продышáться get a breath of fresh air

проедáть spend all one's money on food

проживáть live; spend

прожить live; spend

прозевáть yawn; miss opportunities

проигрывать lose

произвести make, carry out, execute

произвóдственница worker, producer

произвóдственный industrial; pertaining to production

произвóдство production; factory, works

произойти happen, take place

пройти go, go through; pass

прокурóр district attorney

пролéзть slip into

проносить bring, carry through

пропадáть be missing, lost; be done for; vanish; be wasted

пропáсть be missing, lost; be done for; vanish; be wasted

проплыть swim, sail (a certain distance)

пропустить let pass, let through

прорабáтывать work at; scold

прорабóтать work (for a certain time); scold

прорвáться to force one's way

прорастáть to sprout

прóрезь opening, aperture, slit

прорыв break-through

просидéть sit, stay (for a time)

просиживать sit, stay (for a time)

81

проси́ть ask, request; invite
проскочи́ть jump, leap
просма́тривать look through, leaf through (a book)
просмотре́ть look through, leaf through (a book)
просну́ться wake up
проспа́ть sleep (for a certain time); oversleep
прости́ть forgive
про́сто simply, just
просто́й simple
просту́да (common) cold
простуди́ться catch a cold
просты́нка *dimin. of* простыня́
простыня́ bed sheet
просу́нуть push through
просыпа́ться wake up
протере́ть wear holes in, rub through; wipe
проте́ст protest
про́тив against, opposite
проти́виться oppose, resist
протира́ть wear holes in, rub through; wipe
протя́гивать stretch; extend; hold out
про́филь profile
прохла́дно cool
проходи́ть go, go through; pass; go by; take place
проходна́я check point
проходно́й pertaining to a passage, for passing through
прохо́жий passer-by
проч. *see* про́чий
проче́сть read
про́чий other •и про́чее and so on •и про́чее тако́е and things like that •ме́жду про́чим by the way, incidentally
прочита́ть read through
про́чность durability; stability; soundness
прочту́т *non-past of* проче́сть
прошла́ *past of* пройти́
прошу́ *non-past of* проси́ть
про́шлый past, last
прошурша́ть rustle
проща́й goodbye, farewell
проща́ть forgive
прояви́ть show, reveal
пружи́на spring
пры́гать jump, jump up and down
прыгу́нья jumper *(woman athlete)*

пря́мо straight, directly; frankly; real, really, quite
прямоуго́льник rectangle
пря́тать hide
пря́таться hide
пси́х lunatic, crazy person
психова́ть be upset, hysterical
пти́ца bird
пти́чий bird, bird's
пу́говица button
пу́нкт point
пустова́ть be empty
пусты́нный deserted
пусты́рь vacant lot
пу́сть let, permit, have; though, even if
пу́ть path; way
пуши́стый fluffy, thick
Пу́шкинская Pushkin Street
пшено́ millet
пыла́ть blaze, flame
пы́ль dust
пы́льный dusty
пыта́ться try
пы́шный fluffy, light
пье́са play
пью́т *non-past of* пи́ть
пятёрка five-ruble note
пятиле́тний five-year, five-year old
пя́титься back, move back

Р

рабо́та work; job
рабо́тать work
работя́га hard worker; worker *(slang)*
рабо́чий worker; working •рабо́чий де́нь working day, work day
равно́ •всё равно́ all the same; anyway; it doesn't matter
равнобе́дренный isosceles
ра́ди for the sake of
ра́дио radio
ра́достно joyful(ly)
ра́з time, occasion; once, one day; if; since
разбира́ть take to pieces; sort; make out, understand; fill, seize; come over *(said of emotions, laughter, etc.)*
разбира́ться understand, be knowledgeable about; sort out, make sense out of
разби́ться get smashed, break

разбросáть throw about, strew
разбудить wake up
рáзве really *(implying uncertainty)*
развернýться unfold; turn, swing about
разгáр •в разгáре at the height of, in full swing
разглядывать examine closely, scrutinize
разговáривать talk, converse
разговóр conversation
разгорáться flare up
разгорéться flare up
разгорячиться get excited, irritated
раздавáть hand out, distribute
раздавáться be heard, resound
раздавить crush, squash
раздáться be heard, resound
раздевáлка cloak-room
раздевáть undress
раздéть undress
раздражáть annoy
раздýматься be absorbed in thinking
разлучить separate
рáзные various, different
разоблачáть expose, unmask
разобрáться understand, be knowledgeable about; sort out, make sense out of
рáзовый valid for one occasion only, one-time
разорвáть break, tear apart
разочаровáние disappointment
разревéться start howling
разрешáть permit, allow
разрушáть destroy, ruin
рáзум reason, intellect
разумéться be understood •самó собóй разумéется it goes without saying
разýмно reasonably, intelligently
разъяснять explain
рай paradise
ракéта rocket; space ship
рáковина sink, wash-basin
рáнний early
рáно early
рáньше earlier; formerly, before •рáньше всегó first and foremost; first of all
раскáтываться roll, roll out; swerve, sideslip
раскинуться spread out, stretch out
раскисáть soften, become limp, mushy
расклáдушка folding bed
раскрепостить emancipate, liberate
раскрывáть open wide
раскрывáться open wide
раскрыть open wide
распакóвывать unpack
распáхиваться fling open, fly open
распечáтать open, unseal
распирáть burst open
расписáние shedule
расписáться sign up; get married; register one's marriage
расписываться sign up; get married; register one's marriage
распуститься come loose; get out of hand, let oneself go
рассéянный absent-minded; scattered
расскáз story
рассказáть tell, narrate
расскáзывать tell, narrate
рассмáтривать look at, examine
рассмотрéть look at, examine
расставáться part; leave
расстáвить arrange; set out; move apart
расстрóенный disordered; downcast
растáять thaw, melt
растéрянный confused, perplexed, dismayed
расти grow
растягивать stretch out
расхóды expenses
расчéрчивать rule, line
расчёска combing; comb
расчёт calculation
расшалиться start playing around
расширяться widen
расшифровáть decipher; interpret
рвать tear, tear up
реáльный real
ребёнок child
ребята kids; guys, fellows
ребячье children's things
рёв howl, bellow
ревéть howl, bellow
редéть get thin, sparse
рéдкий rare; sparse, thin
резиновый rubber
рéзко sharply
резолюция resolution
результáт result
рейс trip, run, cruise, flight

рейту́зы woolen tights
ре́плика retort, heckling comment
реша́ть decide; solve
реше́ние decision
реши́тельно definitely, absolutely
реши́тельный decisive, firm
реши́ть decide; solve
ржа́вый rusty
рискова́ть risk, run a risk, take chances
рисова́ть sketch, draw
ро́вный even; steady
роди́тели parents
роди́ть bear, give birth to
роди́ться be born
ро́дственник relative
рожа́ть bear, give birth to
рожда́ться be born
рожде́ние birth
рожде́нье *variant of* рожде́ние
ро́за rose
ро́зовый pink
ро́т mouth
рто́м *see* ро́т
рубашо́нка *dimin. of* руба́шка shirt
ру́бль ruble
руга́ть swear at; criticize
рука́ hand; arm •на́ руки into one's arms •за́ руку by the hand
рукави́чка mitten
руководи́тель supervisor
руково́дствоваться follow, be guided by
ру́сский Russian
руча́ться guarantee; promise
ру́чка *dimin. of* рука́ little hand; pen; handle; door knob
рыба́чий fishing, fisherman's
рыда́нье sobbing
рыжева́тый reddish
рюкза́к back pack
ряд row; series; number
ря́дом alongside

С

са́га saga
са́д orchard; small park; garden •де́тский са́д kindergarten, day care
са́дик *dimin. of* са́д
сади́ться sit down; get on, board •сади́ться за X(Acc): get to

work on X •сади́ться за сто́л sit down at the table, desk
сажа́ть seat; plant
сажу́сь *non-past of* сади́ться
са́кля hut, saklya *(a type of house)*
са́м oneself; by oneself •само́ собо́й разуме́ется it goes without saying
самостоя́тельный independent
са́мый most; the very •э́тот са́мый this here *(colloquial)*
са́нки toboggan; sled
сапо́г boot
сбега́ть run down(stairs)
сбива́ть knock down; dislodge
сби́ть knock down; dislodge
сбо́рище crowd; medley
сбра́сывать throw down, drop
сва́дьба wedding
сва́ливать throw down; heap up
свали́ть throw down; drop; heap up
све́дения *(Plur.)* information
све́денья *variant of* све́дения
свежевы́бритый clean-shaven
све́жий fresh
свёрток package, bundle
све́рх above, on top
све́рху above, on top
све́т light
све́тленький fair
све́тлый light; light(-colored), fair; bright
свида́ние meeting; date •до свида́ния good-bye
свида́нье *variant of* свида́ние
сви́нка mumps
свинофе́рма hog farm
свинья́ pig, hog
свире́пый fierce, ferocious
свиса́ть hang down, droop
свисте́ть whistle
сви́тер sweater
свобо́дный free
сво́дка summary; report
сво́дный summary, composite
свора́чивать turn, turn off
связа́ть tie
свя́зка sheaf; bunch; bundle
свя́зываться get involved, mixed up with
свя́зь connection; tie, bond •в связи́ с э́тим in this regard
сдава́ть hand over; hand in, submit
сдава́ться surrender, give up
сда́ть hand over; hand in, submit

сде́лать do; make

сде́латься happen; break out, appear; begin to feel

сдо́бный buttery, rich *(as with pastry)*

себя́ self •про себя́ (talk) to oneself •ей ста́ло не по себе́ she felt out of place

сего́дяшний today's •сего́дняшнее у́тро this morning

секре́тный secret

секундоме́р stop-watch

семе́йный family; marital

семина́р seminar

семья́ family

се́но hay

серди́тый angry

серди́ться be angry

серебро́ silver; small change

середи́на middle

се́рия series

серпанти́н paper streamer

се́рый grey

серьёзный serious; earnest

сесть sit down; get on, board •сесть за X(Acc): get to work on X •сесть за стол sit down at the table, desk

се́тка net

сече́ние section, cutting

сжима́ть squeeze

сжима́ться tighten up; shrink; huddle up

сигаре́та cigarette

сиде́ть sit

си́ла force; effort

силко́м by force

си́льно hard; very much, badly

синева́тый bluish

си́ний dark blue

системати́ческий systematic

сказа́ть say; tell

ска́зка tale, fairy tale

скаме́йка bench

скве́р public garden

сквозня́к draft

сквозь through •сквозь сон in one's sleep

скепти́ческий skeptical

ски́нуть throw off

скло́ка squabble

скло́н slope

ско́бочка crescent

сковорода́ frying pan

скользи́ть slide, slip

ско́льзкий slippery

ско́лько how many, how much

скоре́е quickly, fast; quicker; rather, sooner

скоре́й *variant of* скоре́е

скре́жет gnashing, grinding

скриви́ть bend, twist, distort •скриви́ть гу́бы curl one's lip

скрыва́ть hide

скры́ть hide

скры́ться hide; disappear

скукоти́ща boring stuff

сла́бый weak; feeble

сла́вный glorious; nice

сла́дкий sweet

следи́ть follow; watch; keep an eye on

сле́довать follow; ought, should •как сле́дует properly, good and proper

сле́дующий next, following

слеза́ tear

сли́шком too

сло́во word •да́ть сло́во give the floor (at a meeting); give one's word, promise

сложи́ть put together; pile, stack

слух hearing •на слух by ear

слу́чай case; event; occasion •по э́тому слу́чаю to celebrate the occasion

случи́ться happen

слу́шатель student; listener

слу́шать listen

слу́шаться obey

слы́шать hear

слы́шаться be heard; be audible

слы́шно be audible; one can hear

смельча́к dare-devil

сме́на shift; replacement; next, younger generation

смени́ть change; replace; exchange

сменя́ть change; replace; exchange

смех laughter

смешно́ funny, fun; it makes one laugh

смешно́й funny; absurd, ridiculous

смея́ться laugh

смотре́ть look •смотри́(те) watch out, be careful; be sure to

смочь can, be able

смыва́ться wash off; slip away, disappear

смягчи́ться soften; relent; ease off

смять crumple

сна́ *see* сон

снаряжа́ться get equipped; get ready
снача́ла at first; from the beginning
сне́г snow
снегопа́д snowfall, snow
сни́зу from below; down below
сно́ва again
сно́м *see* со́н
сноси́ть bear, endure
сня́ть take, take off
собира́ть collect
собира́ться intend to; be about to; be off to; get ready; get together, meet
собра́ние meeting
со́бранный precise, accurate; self-disciplined; organized
собра́ться intend to; be about to; be off to; get ready; get together, meet
со́бственно strictly, strictly speaking, as a matter of fact
сова́ть stick in
соверше́нно completely, absolutely
сове́товать advise
сове́тский Soviet
совеща́ние conference
совеща́ться consult, discuss
совсе́м entirely, completely, quite •не совсе́м not quite •совсе́м не not at all, not in the least
согла́сен agreed, in agreement
согла́сно according to, by, judging from
со́кол falcon; Со́кол *(name of a subway station in Moscow)*
сократи́ть shorten
соли́дный sound; respectable
со́лнечный sunny
со́лнце sun
со́лнышко *dimin. of* со́лнце
сомнева́ться doubt
со́н sleep; dream
со́нно sleepily
сообража́ть ponder, think; figure out
соображе́ние consideration; thought; reason
сообрази́ть figure out
сообща́ть report, inform, announce
сопе́рница rival
сопе́ть breathe heavily through the nose, wheeze, sniff
соревнова́ние competition, contest
со́рт grade, quality; brand
сосе́д neighbor
сосе́дка neighbor (woman)
сосе́дний neighboring

соску́читься become bored; miss
сосна́ pine
сосредото́ченный concentrated
соста́в composition, structure; make-up; membership
состави́тель compiler, author
соста́вить compile; write •соста́вить отчёт write up a report
составля́ть compile •составля́ть отчёт write up a report
сотру́дник colleague; employee; researcher; official
сочу́вственно sympathetically
сочу́вствие sympathy
сочу́вствовать sympathize
спаси́бо thanks
спа́ть sleep
специали́ст specialist; expert
специа́льность specialization, profession
спеши́ть hurry •не спеша́ unhurriedly
спе́шка rush; haste
спина́ back
спи́нка *dimin. of* спина́; back (of a chair)
спи́сывать copy
спи́чка match
сплю́ *non-past of* спа́ть
споко́йный calm; quiet; composed
спо́р argument, dispute
спо́рить argue
спо́рт sport; sports
спортсме́н athlete
спосо́бность ability, talent
спосо́бный capable; talented
спохва́тываться remember suddenly
спра́виться manage, cope with
спра́вка certificate; medical excuse
спра́шивать ask, inquire; request
спроси́ть ask, inquire; request
спуска́ться go down; get off
спусти́ться go down; get off
спу́тать tangle; muddle
спя́т *non-past of* спа́ть
сра́зу at once, right away
среди́ among
сро́к term; period; deadline
сро́чно urgently; quickly
сро́чный urgent
срыва́ться break loose; slip off
ста́вить put, stand; put on the stove
ста́вка rate; wages, salary; position
ста́ж length of service; seniority; record, experience

станда́рт standard
становиться become; get; stand, go and stand •станови́ться на коле́ни kneel, get on one's knees •ей станови́лось не по себе́ she felt out of place
стано́к machine tool; lathe
ста́нут non-past of ста́ть
ста́нция station
стара́ться try
стару́ха old woman
стару́шечий old woman's
ста́рше older
ста́рший senior; advanced
ста́рый old
ста́скивать drag off, pull off
стати́стика statistics
ста́ть start; become; get; stand, go and stand; be willing •ста́ть на коле́ни kneel, get on one's knees •ста́ло быть consequently, therefore, accordingly •ей ста́ло не по себе́ she felt out of place
статья́ article
сте́бель stalk
стеклопла́стик fiberglass
стекля́нный glass
стели́ть spread; make the bed
стелла́ж set of shelves
стена́ wall
стенно́й wall
стесня́ться feel shy, too embarassed
стира́ть wash, do the laundry
сти́рка laundry, wash
сти́скивать squeeze
сто́ить cost; be worth
стол table; desk
столо́вая cafeteria; dining room
сто́лько so much, so many
сторона́ side; direction •отводи́ть взгляд в сто́рону look away
стоя́ть stand; stand still; there is, e.g. стои́т гро́хот there's thunder
страни́ца page
страни́чка dimin. of страни́ца
стра́нно strange, odd
страх fear
стра́шно terribly, awfully; it is scary; feel scared
стра́шный frightful, awful
стрекота́ть buzz, hum
стрельба́ shooting
стремле́ние striving, aspiration
стричь cut, trim (hair)

стри́чься get a haircut
стро́гий strict, severe
строи́тель builder; civil engineer
строи́тельный construction; of civil engineering
стро́ить build
стро́иться be built
стро́йматериа́л construction material
струя́ stream, spray
студе́нт undergraduate student
студе́нческий student, undergrad
студёный ice-cold
стук knock; clatter
сту́кнуть knock; hit, strike •ему́ вдруг сту́кнуло в го́лову he suddenly had a bright idea
стул chair
ступе́нь step
ступе́нька dimin. of ступе́нь
сты́дно ashamed; shameful
сугро́б snowdrift
суди́ть judge
су́живать narrow, narrow down
султа́н plume
сумаше́дший crazy; crazy person
су́мка bag
су́мочка dimin. of су́мка
су́нуть stick in
суп soup
суро́во severely, sternly
суть essence
сую́ non-past of сова́ть
схвати́ть grab; grasp; catch
схва́тывать catch (e.g., a cold); grasp, comprehend
сходи́ть go, make a quick trip
сходи́ться come together; agree
счастли́вый happy; lucky
сча́стье happiness
счита́ть count; consider
съеда́ть eat up
съе́здить go, make a quick trip
съезжа́ть come/go down; slip off
съесть eat, eat up
съе́хать come/go down; slip off
сын son
сыни́шка dimin. of сын
сы́пать pour, strew
сыр cheese
сыро́к dimin. of сыр •творо́жный сыро́к packaged cottage cheese
сы́тый full (of food), satisfied
сюда́ here
ся́дут non-past of сесть

Т

та́бель-календа́рь desk calendar

табле́тка pill

та́з basin

таи́нственный secret, mysterious

так so; then; thus, like this, in this way; so much •так как since, as •не та́к amiss •про́сто так just because (for no particular reason) •так и е́сть so it is •и та́к anyway •так X, как и Y: X as well as Y

та́кже also

тако́в such is/are

тако́й such; so; that kind of •тако́й же the same, the same kind of •Что́ э́то тако́е? What is that thing? What's going on here?

такси́ taxi

та́нец dance

танцева́ть dance

таска́ть drag

таска́ться drag oneself along; trudge around

тахта́ ottoman

тащи́ть drag

тащи́ться drag oneself along; trudge around

тверди́ть repeat, say over and over again

творо́жный made of cottage cheese

теа́тр theater

те́кст text

теку́т *non-past of* те́чь

теку́щий current

телеви́зор TV set; TV

телегра́мма telegram

телепереда́ча TV program

телефо́н telephone

те́ло body

те́ма subject, theme, thesis, topic, project

тёмнозелёный dark green

темнота́ darkness

тёмный dark

те́мп tempo; rate, pace

те́нь shade, shadow

тепе́рь now

теплосто́йкость heat resistance

тёплый warm

тере́ть rub

термоста́т thermostat

терпели́во patiently

терпе́ть be patient

тесёмка tape, ribbon

те́сно closely, tightly; crowded

тётка *dimin. of* тётя

тетра́дка notebook

тётя aunt; lady, woman

те́хникум vocational school

техни́ческий technical

те́чь flow

ти́канье ticking

ти́кать tick

ти́хий quiet

тихо́нько quietly, softly, gently

тишина́ silence

това́рищ comrade; friend; co-worker

това́ры goods, merchandise

то́ *see* то́т •то́ X, то́ Y: now X, now Y •е́сли X, то́ Y: if X, then Y

-то some, any *(as in* кто́-то, что́-то, *etc.); particle used to highlight the word it is attached to, e.g.* слона́-то не заме́тил

то́к stream, current

толка́ть push, shove

толка́ться push, shove

то́лком plainly, clearly

толку́чка a shoving crowd

толпа́ crowd

то́лстый fat; stout; thick

толстя́к fat man

толчея́ crush, squash

то́лща thickness

то́лще fatter, thicker

толщина́ thickness

то́лько only •то́лько что just (now)

то́м volume *(book)*

то́ненький *dimin. of* то́нкий

то́нкий fine; thin; slender

топи́ться burn, be on *(said of a stove)*

топо́рщиться bristle

тормоши́ть pull around, push and pull; pester

торопи́ть hurry, press

торопи́ться hurry, be in a hurry

торопли́вый hurried, hasty

торча́ть stick out

тоскли́вый melancholy, wistful

то́т that •кро́ме того́ also, in addition, besides •то́т, кто́ (= кто,. . . тот. . .) he who •на то́й неде́ле the following/next week •не то́т X: the wrong X

то́тчас at once, immediately

то́чно exactly

тра́тить spend
тре́бовать demand, require, request
трево́га anxiety
трево́жить alarm, disturb, trouble
трево́жный worried, anxious, uneasy, troubled
тре́звый sober
тре́нер coach
треска́ cod or haddock
трёт *non-past of* тере́ть
тре́ть third, one-third
треуго́льник triangle
трёхко́мнатный three-room
трёхно́гий three-legged
трёшник three-ruble note
трёшница three-ruble note
тре́щина crack
тро́гать touch
тро́гаться start, start moving
тройно́й triple
тролле́йбус trolley-bus
тро́нуться start, start moving
тро́пка trail
тротуа́р sidewalk
труба́ pipe; chimney
тру́бка pipe; tube; receiver •пове́сить тру́бку hang up the phone
тру́дность difficulty
тру́дный hard, difficult
трудово́й labor, work; working
тру́т *non-past of* тере́ть
тряпьё rags
трясти́ shake
трясти́сь shake
туале́т toilet, rest room
туда́ there
тума́н fog, mist
ту́р turn, round
тури́зм tourism
ту́склый dim
ту́т here; now, at this/that point, at this/that moment
ту́фли shoes
ту́ча cloud; swarm; host
тща́тельность thoroughness, care
тюле́нь seal
тяжеле́нный very heavy
тяжеле́ть become heavy
тяжело́ hard, painful
тяжёлый heavy; hard, difficult
тяну́ть pull, draw
тяну́ться stretch, drag out

У

убеди́ться make certain, satisfy oneself
убива́ть kill
убира́ть clean up
уби́ть kill
убо́рка clearing up, tidying up
убра́ть clean up
уважа́ть respect
у́валень hulk; clod
увели́чивать increase, augment
увели́читься increase, grow
уве́ренный confident, sure
уверя́ть assure
уви́деть see
увлека́тельный fascinating, absorbing, thrilling
увлека́ться be very interested in, be enthusiastic about
уво́лить fire, sack
увы́ alas
углуби́ться get absorbed in
углубля́ться get absorbed in
угова́ривать try to persuade, urge
у́гол corner
у́голь coal
угрю́мый gloomy
удава́ться succeed, get to; be successful
ударя́ться hit
уда́ться succeed, get to; be successful
уда́чный successful
удиви́ться be surprised
удивлённый surprised
удивля́ть surprise
удо́бство convenience; /Plur./ facilities
удово́льствие pleasure
удра́ть take off, get away
уезжа́ть leave, drive away
уж *short form of* уже́
у́жас horror •прийти́ в у́жас be horrified
ужа́сно terribly, awfully; it is terrible, awful
уже́ already; now, by now •уже́ не no longer
у́жин supper
у́жинать eat supper
у́зкий narrow •у́зкое ме́сто weak spot

узкопрактический narrowly practical
узнать find out, learn; recognize
уйти leave, go away
указательный index (finger)
указать indicate, point to
указывать indicate, point to
укладывать stack; pack up; put to bed
укладываться pack up; make it on time; go to bed
укол jab; thrust; injection, shot
укоризненно reproachfully
укоротить shorten
укорять reproach
украинка Ukrainian (woman)
улететь fly away
улица street •на улице outside
уложить stack; pack up; put to bed
улыбаться smile
улыбка smile
улыбнуться smile
умереть die
уметь know how
умница clever person
умолять beg, entreat
умотаться rush away, slip away
умывальник wash-stand, wash-basin
умывать wash
умываться wash up
умыться wash up
уничтожить destroy
уносить take/carry away
упасть fall, fall down
упираться rest, lean against
управиться cope; deal with
упражнение exercise
упрашивать entreat, beg
упрекать reproach
урок lesson; *Plur.* уроки homework
уронить drop
усадить make sit down
усаживаться take a seat; settle down
усесться take a seat; settle down
усик tendril
условие condition; *Plur.* условия amenities
усмехаться grin
успевать have time to; manage to do something in time
успеть have time to; manage to do something in time
успокаивать calm; reassure
успокаиваться calm down, compose oneself
успокоить calm; reassure

успокоиться calm down, compose oneself
уставиться stare; fix one's eyes on
усталость tiredness, fatigue
усталый tired
установка equipment, apparatus
устать get tired
устраивать organize; arrange; put in order
устраиваться get settled
устрашать frighten; inspire fear
устроить organize; arrange; put in order
уступать give up; give in, yield
уступить give up; give in, yield
утешать comfort, console
уткнуться bury oneself in
утренний morning
утро morning •С добрым утром Good morning
утрясаться shake down; settle
утюг iron
ухать say 'Oo'; moan; resound
ухватиться grab ahold
уходить leave, go away; be used up
участливо sympathetically
учёба studies
учитывать take into account; allow for; bear in mind
учить teach; learn
учиться study, go to school
ушла *past of* уйти
уютно cozy, cozily

Ф

фактически in fact
фамилия last name
фата bride's veil
фигурист figure skater
фигушки! Bull! *(mildly obscene)*
физико-механический факультет department of physics and theoretical mechanics
философский philosophical
фиолетовый purple
фирма firm, company
фонарь light
фонд fund; reserves
форма form; format
формула formula
фотография photograph
фраза phrase; sentence

Фра́нция France
фро́нт front *(military)*
фталазо́л *(name of a medicine)*

X

хала́т smock, robe
ха́ос chaos, disorder
хвали́ть praise
хвата́ть[1] be enough •хва́тит с меня́
  I've had enough
хвата́ть[2] grab
хвата́ться grab ahold
хвати́ть be enough •Хва́тит! That will
  do! That's enough! •Хва́тит с меня́
  X*(Gen.):* I've had enough of X, I'm
  fed up with X
хво́ст tail; queue; end of the line
хиба́рка hovel, hut, shanty
хи́трый sly, clever
хле́б bread
хле́бец small loaf
хло́пать slam, slap; clap; applaud
хло́пнуть slap, clap
хлопу́шка party-popper
хму́ро gloomily
хмы́кать say 'Hm'; chuckle
ходи́ть come, go; walk; walk around
хо́зтова́ры hardware store
хозя́йка hostess; housewife; person in
  charge *(woman)*
хозя́йничать keep house, do the
  housekeeping
хозя́йственный household
хозя́йство housekeeping; household;
  enterprise; industry •вести́
  хозя́йство keep house
холоди́льник refrigerator
холо́дный cold
хоро́шенький pretty, nice
хоро́ший good; nice; pretty
хорошо́ fine, good; well
хоте́ть want
хоте́ться want; feel like
хо́ть although; even if; at least; for
  example •хо́ть бы if only
хотя́ although; even if; at least •хотя́
  бы if only
хо́хма joke
хохота́ть laugh, chuckle
храни́ться be stored, kept
худо́й thin, lean
ху́же worse

Ц

цвето́к flower
целова́ть kiss
це́лый whole
це́ль goal
це́нтр center; downtown
ци́рк circus
ци́фра number, figure, digit

Ч

ча́й tea
ча́йник tea kettle
ча́йный tea •ча́йная колбаса́ *(a kind
  of cheap salami)*
ча́с hour
ча́сик *dimin. of* ча́с
часово́й clock; hour(-long)
ча́сто often
ча́сть part
часы́ clock; watch
ча́шка cup
челове́к person; man
чём than; rather than •чём бо́льше,
  тём лу́чше the more the better
чемода́н suitcase
чепуха́ nonsense; trifle
че́рез through; in *(in time expressions)*
черепа́ха tortoise; turtle
чернови́к rough copy, draft
чёрный black
чёрт devil; hell, damn
чертёж draft; sketch, drawing;
  blueprint
чертёжный drafting •чертёжная
  доска́ drafting table
черти́ть draw, draft
четырёхрублёвый four-ruble
че́тверть quarter, one-fourth
Чехослова́кия Czechoslovakia
чи́стить clean; brush (teeth); peel
чи́сто clean; purely
чистота́ purity; cleanliness
чи́стый clean; pure
чита́льный reading
чита́ть read
чте́ние reading
чти́ть honor
что what; that, which; why;
  something •потому́ что because •к
  чему́ what for •что́ ли perhaps •Что́

вы! How can you say that!? •Ну что вы! Oh go on! Come on!

чтоб *variant of* чтобы

чтобы in order to; so that, in order that; that

что-нибудь something, anything

что-то something

чувство feeling

чувствовать experience, sense, feel •чувствовать себя feel (good, bad, *etc.*)

чудесный marvelous, wonderful

чудо marvel, miracle

чудовищный monstrous; enormous

чудо-юдо a fantastic creature

чужой an outsider's, someone else's; strange; alien

чулок stocking

чуть hardly, scarcely; just, a little, very slightly; as soon as •чуть не almost, nearly, all but

чушь nonsense

Ш

шаг step, pace

шагать step; walk; go

шапка hat

шапочка *dimin. of* шапка

шарада charade

шарканье shuffling

шептать whisper

шерсть wool

шеф boss, chief

шипеть hiss, sizzle

ширина breadth, width

широкоплечий broad-shouldered

шить sew

шкаф cupboard; wardrobe •книжный шкаф bookcase

шкафчик *dimin. of* шкаф

школа school

шлепок slap, smack

шпилька hairpin •вколоть шпильку hurt someone with a spiteful remark

шрифт type, typeface

штанишки *dimin. of* штаны

штаны pants

штука thing, item, piece

штурмовать storm; assault

шубка *dimin. of* шуба fur coat

шум noise

шуметь make noise, be noisy

шумный noisy

шутить joke

шутка joke

шью *non-past of* шить

Щ

щека cheek

щёки cheeks

щёлкать click, snap

щель crack, chink

Э

эгоизм egoism

эгоист egoist

эгоистка egoist *(woman)*

эквивалент equivalent

экспериментальный experimental

электробритва electric shaver

электроиспытание electrical test

электролаборатория electricity lab

энергичный energetic, dynamic

эскалатор escalator

эскимо ice cream on a stick

этаж floor, storey

этикетка label

это this is, these are

этот this, that

Ю

юбка skirt

юбочка *dimin. of* юбка

юность youth, adolescence; Юность *(name of a magazine)*

Я

ядовитый poisonous; venomous

яичница scrambled eggs

яйцо egg

яма hole •ямы под глазами sunken eyes

ясли crèche; state day-care for infants

ясно clearly; it is clear

ящерица lizard

ящик box; mailbox; drawer